ANALYSEN UND REFLEXIONEN
Band 49

Ingeborg Scholz

Heinrich Heine
Lyrik

W0374897

Erläuterungen und
methodisch-didaktische Hinweise

Joachim Beyer Verlag — 8607 Hollfeld/Ofr.

ISBN 3-88805-004-9
© 1983 by Joachim Beyer Verlag, 8607 Hollfeld
Alle Rechte vorbehalten. Auch das Recht der Vervielfältigung
Druck: Heinz Neubert GmbH, Schloßberglein 2, 8580 Bayreuth

Inhalt

Einführung

Heine ist unter den Dichtern des 19. Jahrhunderts derjenige, dessen Einschätzung durch die Nachwelt eine fortwährend schwankende Kurve zwischen völliger Ablehnung und hoher Bewunderung durchlaufen hat. Über seine Stellung innerhalb der deutschen Literaturgeschichte besteht bis heute noch kein einheitliches Urteil, so sehr auch die Germanistik der Gegenwart bemüht ist, sein dichterisches Bild zu profilieren und seine Werke populär zu machen. Es kommt dabei zeitgenössischen Tendenzen entgegen, den politischen Heine gegenüber dem ästhetischen in den Vordergrund zu rücken, was kaum dazu beiträgt, ein klares Bild dieses Autors zu gewinnen. Das erklärt sich vor allem aus dem Tatbestand, daß Heinrich Heine ein äußerst komplizierter, widersprüchlicher und zweideutiger Autor war und daß daher sein Werk — ästhetisch wie politisch — schwer festzulegen ist. Er stand am Ende der „klassischen Kunstperiode", wie er selbst die Goethezeit genannt hat, und seine geschichtliche Stellung erwies ihn zugleich als Erben und Kritiker der Klassik. Von der Romantik, die er bekämpfte, übernahm er Stimmungsmotive und Vokabular in geläufiger Manier, blieb aber dem eigentlichen Wesen der Romantik innerlich fremd, was jedoch das deutsche Bürgertum im 19. Jahrhundert (und das angelsächsische Ausland noch heute!) nicht hinderte, ihn als Prototyp eines Romantikers anzusehen. Er aber empfand sich als ein Kind der Moderne; kaum einer spürte so deutlich das Wehen einer neuen Zeit, wie es in der französischen Revolution zum Ausdruck kam. Dem „Jungen Deutschland" stand er in mancher Hinsicht, vor allem in der sozialen Thematik, nahe, ohne sich jedoch mit irgendeiner Gruppe oder Partei zu identifizieren. Nur wenige haben wie er Deutschland im Lichte einer so scharfen Polemik und Ablehnung gesehen, und doch existieren Aussprüche von ihm, die von modernen Interpreten als Ausdruck einer geradezu leidenschaftlichen Liebe zum Vaterland gedeutet werden. Er wird heute als Vertreter moderner demokratischer Ideen — in erstaunlicher Einmütigkeit von Ost und West — vielerorts gepriesen, und doch hat gerade dieser Dichter die Demokratie als ein Feld betrachtet, auf dem die Blume der Poesie nicht gedeihen kann. —

Ein Autor, so widersprüchlich in sich selbst, — der im selben Atemzug ironisiert und desillusioniert, was er vorher proklamiert hat, ist — beabsichtigt oder nicht — keineswegs unschuldig daran, daß seine Wirkung zu Lebzeiten und in der Nachwelt zweideutig blieb. Interessant ist in diesem Zusammenhang ein bei Strodtmann über liefertes Wort von Börne über seinen Antagonisten: „Es ist Heine ganz einerlei, ob er schreibt: Die Republik ist die beste Staatsform, oder die Monarchie. Er wird immer Dasjenige wählen, was in dem Satze, den er schreiben will, einen besseren Tonfall macht.“[1]

Dies ist in zweierlei Hinsicht ein bemerkenswertes Wort: Einmal beleuchtet es jene Ambivalenz, die zu Heines Wesen gehört, zum anderen zeigt es ein für allemal, welchen Vorrang der artistische Aspekt im Denken Heines innehat, was ähnlich in seiner maliziösen Antwort zum Ausdruck kommt, als man ihn die Schmähschrift gegen Börne zum Vorwurf macht: „Aber ist's nicht schön ausgedrückt?“[2]

Auf den „Tonfall“ kommt es an, nicht so sehr auf die Sache, — es ist einleuchtend, daß eine solche Position der Interpretation seines Werkes weitesten Spielraum bietet. —

Einig ist man sich wohl immer gewesen, daß dieser widersprüchliche Geist ein scharfsinniger, hoch-

---

1) zit. nach Strodtmann, Adolf 1884, II, S. 270

2) Heinrich Laube, 1839, in: Houben 1948, S. 373

talentierter Schriftsteller war, dem das Spiel mit allen poetischen Mitteln wie kaum einem anderen geläufig gewesen ist. Nicht zuletzt liegt ein Teil seiner Faszination gerade in dieser Widersprüchlichkeit und Vieldeutigkeit: „Wo er am zweideutigsten ist", sagt Claude David, „ist der echte Heine zu suchen."[3] Darüber hinaus gilt es als ein geistiges Phänomen, in den viele Zeitströmungen des beginnenden 19. Jahrhunderts zusammengeflossen sind, und wird auch in dieser Hinsicht — bis in die Gegenwart hinein — ein interessanter Gegenstand der Literaturgeschichte bleiben. Es ist daher kein Wunder, daß er zu jenen Schriftstellern gehört, denen von der zeitgenössischen Germanistik das meiste Interesse entgegengebracht wird, wozu natürlich die Bedeutung der initiierenden Gedenkjahre (1956—1972) beigetragen hat. —

Die vorliegende Arbeit beschäftigt sich mit Heines lyrischer Dichtung, über deren literarischen Wert die Urteile sehr unterschiedlich sind. Ziel dieser kritischen Untersuchung ist es, dem ästhetischen wie dem politischen Heine sein Recht zu geben. Da Heines lyrische Dichtung von sehr unterschiedlicher Qualität ist, erscheint es uns angemessen, im wesentlichen die Methode der Einzelanalyse anzuwenden. Dabei werden Ansichten älterer und neuer Forschung als Alternativauffassungen zu Wort kommen und so den eigenen Aspekt ergänzen und erläutern. —

---

3) David, Claude: Geschichte der dt. Lit. Sigbert Mohn-Verlag 1966, S. 107

Zeittafel

1797 13. Dezember Harry Heine in Düsseldorf geboren; Vater: Samson Heine, Kaufmann; Mutter: Betty Heine, geb. van Geldern

1807 Besuch des Düsseldorfer Lyzeums (französ. geistl. Tradition)

1814 Heine verläßt das Gymnasium ohne Reifezeugnis

1815 Volontär im Frankfurter Bankhaus Rindskopf

1816 In Hamburg als Lehrling im Bankgeschäft seines Onkels Salomon Heine. Unglückliche Liebe zu seiner Kusine Amalie (Anregung zu ersten Gedichten)

1819 Aufnahme des von Salomon Heine finanzierten Jurastudiums in Bonn. Vorlesungen u.a. bei A.W. Schlegel.

1820 WS 20/21 in Göttingen, Vorlesungen bei Benecke, Sartorius.

1821 Januar: Consilium abeundi von Göttingen für ein halbes Jahr (Grund: Duellaffäre)

1822 Berlin: Vorlesungen u.a. bei Savigny, Hegel. Besuch der Salons von Rahel Varnhagen u. Elise von Hohnehausen. Umgang mit Chamisso, Hoffmann von Fallersleben. Reise nach Polen. „Gedichte" Sein erstes Buch ersch. H. schickt ein Exemplar an Goethe, keine Reaktion.
Tragödien, nebst einem „Lyrischen Intermezzo"

1824 Erneute Immatrikulation in Göttingen. Reise nach Berlin; Herbstwanderung durch den Harz, Entstehung der „Harzreise".

1825 H. tritt zum Protestantismus über. Juristisches Examen und Promotion. Besuche in Hamburg u. auf Norderney

1826 Beginn der Beziehung zu dem Verleger Campe. Erneuter Aufenthalt auf Norderney, „Reisebilder" Teil I (Die Heimkehr"; „Die Harzreise" „Die Nordsee" 1. Abteilung)

1827 Hamburg. Frühjahr nach England. Oktober: „Buch der Lieder“ erscheint. „Reisebilder“ Teil II, „Ideen. Das Buch Le Grand“; „Briefe aus Berlin“

1828 München. Vorübergehend Mitherausgeber der „Neuen Allgemeinen Politischen Annalen“; Bewirbt sich vergeblich um Professur in München. Begegnung mit Robert Schumann. Rückkehr nach Hamburg.

1829 Aufenthalt in Berlin u. auf Helgoland, „Reisebilder“ Teil III (mit Polemik gegen Platen)

1830 Hamburg. Begeisterung für die Julirevolution.

1831 1. Mai übersiedlung nach Paris („ins freiwillige Exil“)

1832 Teilnahme an den Versammlungen der Saint-Simonisten; „Französische Zustände“

1833 „Die romantische Schule“

1834 Heine lernt Mathilde, seine spätere Frau, kennen.

1835 Bundesrat in Frankfurt verbietet Heines Schriften in Deutschland; ebenso Verbot der Schriften des „Jungen Deutschland (Gutzkow, Laube, Mundt, Wienberg)

1836 Heines beginnende Rückenmarkserkrankung. „Florentinische Nächte“ „An die Hohe Bundesversammlung“

1837 „Der Salon“. III. Bd., „Über den Denunzianten“ 2. Auflage „Buch der Lieder“

1839 3. Auflage „Buch der Lieder“

1840 Ab März Korrespondentenberichte für die Augsburger „Allgemeine Zeitung“ („Lutetia“) „Der Salon“4. Bd. („Der Rabbi von Bacharach“, „Gedichte“, „Über die französische Bühne“) — Robert Schumann schickt Heine seinen „Liederkreis“. „Über Ludwig Börne“ erscheint 3. Auflage der „Reisebilder“ II

1841 Heirat mit Mathilde in Saint-Sulpice. 4. Auflage „Buch der Lieder“

1842 Herbstreise d. Deutschland (1. Besuch seit 1831).

Mitarbeit an den Deutsch-Französischen Jahrbüchern (von Marx u. Runge herausgegeben) „Atta Troll". Ein Sommernachtstraum." erscheint in Laubes „Zeitschrift für die elegante Welt".

1844 Zweiter und letzter Besuch in Deutschland. Tod des Onkels Salomon Heine. „Neue Gedichte", „Deutschland. Ein Wintermärchen". 5. Auflage „Buch der Lieder"

1848 Verschlimmerung von Heines Krankheit — dauernde Bettlägerigkeit. „Die Februarrevolution 1848" 1. Bericht

1851 „Romanzero"; „Faust. Ein Tanzpoem" als Buch erschienen.

1853 „Die Götter im Exil"

1854 „Vermischte Schriften" I. „Letzte Gedichte und Gedanken" (1869 posthum erschienen)

1855 Freundschaft mit Elise Krinitz („Mouche")

1856 Tod Heines am 17. Februar. Auf dem Friedhof Montmartre beigesetzt.

A. Notizen zur Wirkungsgeschichte Heinrich Heines

1. Die Rezeption Heines in Deutschland

Die Vorstellung von der „traurigen Rezeptionsgeschichte Heines in Deutschland“, die in vielfacher Variation die moderne Heine-Literatur durchzieht, hält Storz[4] für eine Legende, ebenso die vereinfachende Feststellung, Heine sei im 19. Jahrhundert von den „Reaktionären“ verkannt und nur von den „Progressiven“ angemessen bewundert worden. Er widerlegt sie an Hand der historischen Tatsachen, indem er auf die früh sich anzeigende Geltung von Heines dichterischem Werk im Deutschland von 1830 hinweist. Das zeigt der Erfolg der „Reisebilder“ und die nach zögerndem Anfang wachsende Popularität des „Buches der Lieder“, das schon zu Heines Lebzeiten zahlreiche Auflagen erlebte. Tatsache ist allerdings, daß er als Prosaiker im Laufe des 19. Jahrhunderts an Bedeutung verlor zugunsten seiner frühen Lyrik, die selbst von seinen heftigsten politischen Gegnern (Gentz, Metternich, Bismarck) leidenschaftlich bewundert wurde. Heine galt dem 19. Jahrhundert vordringlich als Verfasser des „Buches der Lieder“, und man kann eigentlich erst in der Gegenwart von einer Akzentverlagerung zu seiner kritischen Prosa sprechen. —

Richtig ist allerdings, daß er durchweg ein Objekt entgegengesetzter Meinungen gewesen und bis heute geblieben ist, — eine Figur, die neben schrankenloser Bewunderung ebenso heftige Ablehnung erfahren hat, was ein Überblick seiner Rezeptionsgeschichte verdeutlicht.

Es ist bereits in der Einführung zu dieser Arbeit erwähnt worden, daß weder der „populäre Heine“ im

---

4) vgl. Storz, Gerhard: Heinrich Heines lyrische Dichtung, Stuttgart 1971

Blickfeld des Lesers noch der Heine im Rahmen der Literaturwissenschaft ein einheitliches Image hat. Was den ersten Fall betrifft, so fand sich der Dichter in der 2. Hälfte des 19. Jahrhunderts bis zur Schwelle des 20. mit zahlreichen Titeln in allen volkstümlichen Anthologien (vor Mörike und der Droste z.B.), ebenso nahm das „Buch der Lieder" einen Ehrenplatz in den Salons der Damen ein. Später änderten sich die Aspekte, und er gewinnt von Fall zu Fall unterschiedliche Bedeutung als sentimentaler Lyriker, als witziger Feuilletonist oder als politisch-sozial engagierter Kämpfer. —

Was den Dichter Heine als Gegenstand der Literaturgeschichte betrifft, so ist der Bewertungsmaßstab mindestens ähnlich widersprüchlich. Das gilt schon für das Heine-Bild der Zeitgenossen wie auch für die Einschätzung des Dichters in der Nachwelt bis hin zur Gegenwart. Eine Verschiebung zur relativen Vereinheitlichung seiner Rezeption zu hoher und höchster Wertschätzung läßt sich zunehmend erst in den letzten Jahrzehnten unserer Epoche registrieren. Mit diesem hochstilisierten Heine-Bild der zeitgenössischen Germanistik geht allerdings der „populäre Heine" im Leseverhalten der Gegenwart nicht unbedingt konform. Darauf bezieht sich ein Aufsatz von Kortländer im Jahrbuch der Heinegesellschaft (1981); „Literarische Gesellschaften als Anwälte von Autoren", worin es heißt: „Ziel weiterer Popularisierungsbemühungen um Heine sollte ein Autorbild sein, das, von allen „mythischen" Zutaten bereinigt, dem ästhetischen wie dem politischen Heine sein Recht gibt und so eine adäquate Rezeption seines Werkes von dieser Seite her nicht verstellt."[5] Dies ist eine redliche Bemühung, doch sollte sie nicht dahingehend mißverstanden werden, daß bei der Beurteilung Heines jeglicher kriti-

---

5) Kortländer, Bernd: Literarische Gesellschaften als Anwälte von Autoren. Heine Jahrbuch 81, S. 183

sche Aspekt auszuklammern sei. —

„Ein widersprüchliches Naturell", sagt Storz in seiner Arbeit über den Lyriker Heine," macht Heine zum Dichter und Anti-Dichter zugleich."[6] Diese Ambivalenz, die zu dem Wesen des Autors gehört, hat ihn ebensosehr geprägt wie die objektive Wirkung seiner Zeit, — einer Epoche der Unruhe und Wandlung im politischen wie im literarischen Bereich. In Heines Lebenszeit (1797—1856) fallen die Phasen der Französischen Revolution und der Revolution von 1848. Neue Ideen zur Ablösung absolutistischer Herrschaft durch liberale Volksvertretungen beherrschen die Epoche und erscheinen thematisch in Heines Dichtungen und theoretischen Schriften. Bedeutungsvoll für seine Entwicklung war es außerdem, daß er im Rheinland aufwuchs, das insgesamt dreizehn Jahre von den Franzosen beherrscht wurde. Die neuen Ansätze staatsbürgerlicher Gleichheit, besonders die rechtliche Gleichstellung der Juden durch Napoleon, die Heine in diesen Jahren kennenlernte, erklären weitgehend seinen späteren Kampf gegen jegliche Einengung und Bedrohung auf diesen Gebieten. Dennoch gehörte er nicht zu der Partei der radikalen Aufrührer; ebensowenig kann eine Ideologie sich eindeutig auf ihn berufen, wie es im Rahmen marxistischer Literaturbetrachtung weitgehend geschieht. Diese Unbestimmbarkeit gilt manchen posthumen Kritikern als „Zauber" und „Größe" Heines, anderen wieder als „Fragwürdigkeit". Auch das zeitgenössische Heine-Bild ist schon von dieser Widersprüchlichkeit geprägt. —

Die erste Veröffentlichung seiner Gedichte fällt in das Jahr 1821. Sie erscheinen fast alle zunächst in Zeitschriften; so war der Autor des späteren „Buches der Lieder" für sein Lesepublikum kein Neuling mehr.

---

6) Storz, Gerhard: H. Heines lyr. Dichtung. Stuttgart 1971, S. 10

Briefe und Begleitschreiben aus dieser Zeit beleuchten den Eifer, den Heine aufwendete, um Freunde und einflußreiche Personen für das Bekanntwerden seiner Gedichte zu gewinnen. Heine wollte von Anfang an als „innovativ“, als „eigentümlich“ erscheinen, wohingegen das zeitgenössische Publikum ihn weitgehend in der Tradition der „Erlebnislyrik“ im Sinne Goethes sah. Anklänge an Byron, Tieck, Rückert und Bürger wurden außerdem empfunden, ebenso Assoziationen zum Volkslied. Als 1827 das „Buch der Lieder“ erschien, bescheinigen viele Rezensenten starke Wirkung, andere wiederum große Bedenken, die aber weniger aus dem dichtungstheoretischen Bereich als aus dem des Anstandes und der Moral hergeleitet sind. Besonders die erotisch-maliziösen Gedichte aus dem „Buch der Lieder“ werden als „anstößig“ empfunden. Noch mehr allerdings als gegen das „Buch der Lieder“ richtete sich der Vorwurf der Frivolität gegen die „Reisebilder“, die bei ihrem Erscheinen auch deshalb so großes Aufsehen erregten, weil sie so gar nicht der sonst üblichen Gattungsform entsprachen. Als Heine 1829 seine Schmähschrift gegen den Dichter Platen veröffentlichte, war er ein bekannter, wenn auch umstrittener Autor, wobei es durchaus nicht erstaunlich ist, daß sich gerade bei ihm die Rezeption seiner Werke und die Beurteilung seines Charakters wechselseitig bedingen. Das ist aus dem Gesichtskreis der damaligen Zeit weniger verwunderlich, als Hermands übersteigerte Entrüstung uns glauben machen will;[7] man kann eben Heines Rezeptionsgeschichte nicht so ausschließlich aus dem ideologischen Denken der Gegenwart beurteilen. —

Mit Heines Tod tritt die Aufgabe einer Gesamtwürdigung des Autors in den Vordergrund; die Heine-Philologie beginnt sich zu etablieren. 1961—69 er-

---

7) vgl. Marcuse, Ludwig: Heines Parodien. In: Text u. Kritik. Zeitschrift f. Lit. Hrsg. v. H. L. Arnold, H. 18/19, S. 63

scheint die erste Gesamtausgabe seiner Werke. Der Herausgeber Adolf Strodtmann schrieb auch die erste wissenschaftlich fundierte Biographie (1967—69). — In den Jahren vor der Reichsgründung und im Kaiserreich wird der Lyriker Heine gelten gelassen, ja sogar bewundert, während man naturgemäß den politischen Publizisten übergeht. Die Geschichtsschreibung im Kaiserreich (Treitschke) ist ohne Zweifel die stärkste und folgenschwerste Gegnerschaft Heines im 19. Jahrhundert. Sie ist auf die Führungsrolle Preußens und die Reichsgründung hin orientiert, weshalb es zwangsläufig zu einer Ablehnung des Deutsch-Juden kommt, dem Haß gegen Preußen bescheinigt wurde. Treitschkes Polemik gegen Heine richtet sich zunächst gegen seine politische Gesinnung, trifft aber zugleich auch den Dichter, dem „Mangel an menschlicher Größe" nachgewiesen wird.

Treitschkes deutsch-nationaler Antisemitismus hat in der Folgezeit das Heine-Bild beeinflußt; wir kennen die letzte Konsequenz in der aggressiven Haltung des Nationalsozialismus im Dritten Reich. Aber Marcuse hält diesen radikalen Antisemitismus für weniger folgenschwer im Hinblick auf Heines Rezeption in der deutschen Geistesgeschichte als die Angriffe, die aus den Kreisen des deutschen intellektuellen Judentums selbst gekommen sind.[8] Es ist hier festzuhalten, daß Heine in der allgemeinen Anerkennung bereits zurücktrat, ehe er dem politischen Antisemitismus der dreißiger Jahre zum Opfer fiel. — In der Literatur über Heine gibt es einen Stein des Anstoßes, der den Interpreten bis in die Gegenwart hinein mehr zu schaffen macht als alle antisemitische Propaganda gegen Heine im Dritten Reich: den berühmten Aufsatz „Heine und die Folgen" (1910) von Karl Kraus. Kraus, selbst Jude, Journalist und Zeitkritiker hat seine Heine-Polemik auf das Sprachproblem konzentriert. Seine kritische Position ist orientiert an ei-

8) vgl. Marcuse, Ludwig: Heines Parodien. In: Text u. Kritik. Zeitschrift f. Lit. Hrsg. v. H.L. Arnold, H. 18/19, S. 63

ner Kunstauffassung, die ihren Maßstab von der Klassik hernimmt. Zwei große Vorwürfe sind es, die sich in dem ebenso satirisch vernichtenden wie glänzend geschriebenen Aufsatz auseinanderhalten lassen: einmal der Vorwurf gegen Heine als den „großen Erleichterer", der als Schöpfer der polemischen Prosa für die verhängnisvolle Entwicklung des Feuilletonismus verantwortlich gemacht wird, und weiterhin der Vorwurf mehr ästhetischer Natur gegen Heines kompositorische Nachlässigkeit und Austauschbarkeit seiner Verse, die nichts anderes als skandierter Journalismus seien, die den Leser über Heines Stimmung auf dem Laufenden hielte.[9]

Im Hinblick auf Heines Verantwortlichkeit für die verhängnisvolle Entwicklung des modernen Journalismus hat Kraus einen Vorläufer in Heinrich v. Treitschke, der — von einem anderen Aspekt aus — von Heine sprach „als Meister des europäischen Feuilletonstils, ... Bannerträger jener journalistischen Frechheit, die alle Höhen und Tiefen des Menschenlebens mit einigen flüchtigen Einfällen abthat."[10] In Kraus' berühmter und berüchtigter Schrift finden sich Sätze, die hier anknüpfen: „Und selbst im Stil der modernsten Impressionsjournalistik verleugnet sich das Heinesche Modell nicht. Ohne Heine kein Feuilleton."[11] Und weiter heißt es ähnlich an anderer Stelle: „So, in diesem unübersichtlichen Nebeneinander von Form und Inhalt, worin es keinen Zwist gibt und keine Einheit, wird sie (Heines Dichtung) die große Erbschaft, von der der Journalismus bis zum heutigen Tage lebt, zwischen Kunst und Leben ein gefährlicher Vermittler, Parasit an beiden, Sänger, wo er nur Bote zu sein hat ... Fluch der literarischen Utilität, Geist der Utilite-

---

9) vgl. Kraus, Karl: Heine u. die Folgen. In: Magie der Sprache, Suhrkamp 1979, S. 169—192

10) Treitschke, H. v.: Deutsche Geschichte im 19. Jahrh., 4. Teil, Leipzig 1889, S. 420 ff

11) Kraus, K.: a. a. O. S. 170

ratur."[12] Diese Vorwürfe lassen deutlich erkennen, worum es Karl Kraus in seiner Heine-Kritik geht: konsequent lehnt er alle Erscheinungen der Kunst ab, deren Intention es ist, gesellschaftsbezogen zu sein, — d.h. Fragen der Tagesgeschichte aufzugreifen, um direkt gesellschaftlich wirksam zu werden. Wir haben hier den in der gegenwärtigen Heine-Literatur verständlicherweise scharf angegriffenen Essay deshalb so ausführlich zu Wort kommen lassen, weil er in der Folge nicht nur Kritiker, sondern auch namhafte Nachahmer fand, unter denen der in der Zeit zwischen den beiden Weltkriegen bedeutende Germanist Friedrich Gundolf die Gedanken von Karl Kraus stellenweise wiederholt, stellenweise weitergeführt hat. Wenn sich die heutige Germanistik auch von Gundolfs Weltbild weitgehend entfernt hat, so darf seine Bedeutung für das geistige Leben der zwanziger Jahre während seiner Lehrtätigkeit an der Universität Heidelberg nicht vergessen werden. In Anlehnung an Karl Kraus lesen wir in der Einleitung zu seinem Buch über Stefan George: „Erst seit Heine kann jeder von Dingen reden, die über seinem seelischen Bereich liegen. ... Er hat dem Ladenschwengel den Ton des Priesters ermöglicht, dem Redner die Lyrik, dem Bänker die Salbung. ... Vor allem aber: er hat keine neue Idee seines geschichtlichen Augenblicks, sondern nebeneinander das Neuheidentum Goethes als Gesinnung ohne Leib und Haltung, das protestantische Judentum als Pathos ohne Ethos und die französischen Revolutionswünsche als Ziel ohne Glaube."[13]

Die Schärfe dieser Aburteilung hat aus den zwanziger Jahren noch in die Zeit nach 1945 hineingewirkt: unter die Heine-Kritiker ähnlicher Grundrichtung gehören Walter Muschg, Benedetto Croce, Theodor Adorno

12) ebd S. 170

13) Gundolf, Friedrich: Stefan George, 1921, S. 11f

und Claude David. Vorherrschend in der gegenwärtigen Heine-Literatur bleibt jedoch die scharfe Ablehnung des Essays von Kraus, der als „Verriß“ beinahe einhellig abgestempelt wird. Sachlicher ist das Urteil von Michael Behal, dem wir uns anschließen möchten: „Dennoch bleibt sie (die Polemik), weil sie zu grundsätzlicher Besinnung zwingt, als Orientierungspunkt wichtig. Ihr Einfluß ist aus der späteren Heine-Diskussion nicht wegzudenken.“[14]

Überblickt man die Geschichte der Rezeption Heinrich Heines in Deutschland, so stellt man fest, daß die Auseinandersetzung mit ihm, die — vom Dritten Reich abgesehen — mit größter Schärfe wohl in der Wilhelminischen Ära geführt worden ist, auch mit dem Ende des Kaiserreiches nicht aufgehört hat. Rassische Vorbehalte spielten gewiß oft eine Rolle, jedoch erklären sie nicht vollständig die im Positiven wie Negativen unsachlich-polemische Beziehung zu diesem Autor, wie sie sich noch in jüngster Zeit in der heftigen Diskussion um die Namensgebung der Universität Düsseldorf deutlich gezeigt hat. — Im westlichen Deutschland nach 1945 war zunächst wenig Interesse an Heine vorhanden; erst in den 50er und besonders dann zu Beginn der 60er Jahre erlebte er in der Fachwelt eine spürbare Renaissance. Wenn auch nicht immer frei von modischen Tendenzen, führte sie immerhin dazu, daß man diesen umstrittenen Autor nun mehr lesen lernte ohne jene moralischen und politischen Vorbehalte, die sein Bild über die Zeiten hinaus geprägt hatten. Allerdings neigen nun nicht wenige Arbeiten der modernen Heine-Literatur dazu, ihm kritiklos gegenüberzutreten und ihn an dem Maßstab moderner Ideologie zu messen. Es erscheint uns fraglich, ob eine solche Distanzlosigkeit die Erkenntnis seines Werkes im

---

14) Behal Michael: Heines Wirkung in Deutschland. In: H. Heine. Epoche-Werk-Wirkung. Becksche Elementarbücher. Münch. 1980, S. 330

sachlichen Sinne fördern kann. Ähnliche Zweifel äußert Behal in der o. bereits zitierten Arbeit: „Wenn Heine bei uns nicht mehr umstritten ist wie im Wilhelminischen Deutschland, so wohl schon deshalb, weil er weniger gelesen wird. Aber es wäre wichtig, daß er nicht zu einem Autor der Spezialisten und *Einverstandenen* wird, daß jeder Schüler an Gymnasien eines seiner größere Werke verstehen lernen würde — wichtiger jedenfalls als eine Orientierung über Interpretationsmethoden, auf die einige Didaktiker heute abzielen.“[15]

2. Die Rezeption Heinrich Heines im Ausland

Auf die Frage, wie es mit der Wirkung Heinrich Heines im Ausland aussah und aussieht, ist die Antwort eindeutig: sie war — im Verhältnis zu anderen Autoren, besonders Lyrikern betrachtet — zu allen Zeiten ungewöhnlich stark. Kein deutscher Dichter hat ein ähnliches Echo im Ausland gefunden. Laut Auskunft der umfassenden Heine-Bibliographie von 1960 gibt es über diese bemerkenswert große Wirkung Heines in den außerdeutschen Ländern bisher etwa 263 Arbeiten.[16]

Heines Popularität im Ausland umfaßt nicht nur die Bekanntschaft mit seinem Werk, sondern auch die Bewertung seiner Dichtung im Rahmen der literarischen Rangordnung: in Frankreich und in den angelsächsischen Ländern gilt Heinrich Heine als *der* deutsche Lyriker schlechthin. Außerdem lernt man in Sprachkursen des Auslands die deutsche Sprache nach seiner Prosa.

In diesem Zusammenhang ist interessant, daß im außerdeutschen Raum laufend neue Ausgaben seines Werkes in Übersetzungen erscheinen: kürzlich informierte uns die FAZ (7. August 1982) über die neueste Übertragung aus dem Deutschen in amerikanisches

---

15) Behal, Michael: Heines Wirkung in Deutschland. a.a.O. S. 334

16) vgl. Wilhelm/Galley, Heine-Bibliographie, Weimar 1960, Bd. II, S. 198ff

Englisch: „The complete Poems of H. Heine“ mit dem Untertitel „A Modern English Version by Hal Draper, Boston. Ob die stellenweise höchst kurios anmutende Übertragung Heinescher Verse gegenüber der 1934 in „Everyman's Library“ herausgekommenen Heineübersetzung ein Gewinn ist, wie die positive Bewertung des Referenten Schulz im besagten Artikel der FAZ deutlich machen will, wagen wir angesichts der zitierten Übersetzungsbeispiele (wenn z.B. Draper im „hochpoetischen Kontext“ sein angelsächsisch burschikoses „hello“ für die Stelle: „Sag ich lass' sie grüßen“ einsetzt) zu bezweifeln. — Es ist nicht selten, daß das unvermindert starke Interesse des Auslands an Heinrich Heine im Bereich der deutschen Germanistik zur Klage Anlaß gibt, man sei uns in dieser Hinsicht immer noch voraus.[17]

So eindeutig nun aber die Tatsache dieser positiven Rezeption im Ausland ist, so wenig einleuchtend erscheint uns die Begründung dieses Sachverhalts in manchen modernen Arbeiten über Heine. Berendsohn z.B. behauptet, daß sich Heines Wert geradezu daran messen lasse, daß er im französischen und angelsächsischen Sprachraum noch heute als der größte Lyriker nach Goethe gelte. Es dürfte angemessen sein, diese Frage — jenseits von Emotion — einmal sachlich ins Auge zu fassen. Woran liegt es, daß Heine im Ausland so beliebt ist? Man kann bei der Beantwortung dieser Frage nicht ganz ausklammern, daß Heine auch deshalb anderenorts nicht ungern zitiert wird, weil er zu jenen Autoren gehört, die Deutschland unter einem vorwiegend negativen Aspekt gesehen haben. Aber dieses Phänomen soll nur am Rande vermerkt werden; hier geht es um einen rein literarischen Aspekt, der gelegentlich in früheren Arbeiten über

---

17) vgl. Berendsohn, Walter: „Heines Buch der Lieder“, In: Heine Jahrbuch 1962

Heine berücksichtigt worden ist. Im Gegensatz zu Berendsohns oberflächlicher Beweisführung betrachtet Gundolf diese Frage vom sprachlichen und psychologischen Gesichtspunkt aus und kommt zu einer völlig andersartigen Begründung: „... Heines Sprache eine reizende, aber hybride Mischung aus Elementen der Goetheschen Seelenrede, der romantischen Traumtöne, der politischen Rhetorik Byrons und des französischen Salongeplauders; kurz verschiedener zersetzter europäischer Stile aus dem letzten Halbjahrhundert. Eben diesen europäischen Anklängen, dieser schillernden Unverbindlichkeit, die aus dem Mangel der Einheit den Reiz der Buntheit, die erste sprachliche „Poikilia" (Vielfarbigkeit) zieht, verdankt er, abgesehen von seiner Zeitnähe und einer agitatorischen Grazie, das allgemein europäische Verständnis weit über Goethe hinaus: er stellt an das Ausland nicht die Anforderung, ihn aus deutschen Wurzeln zu begreifen. Die europäische Aktualität trägt und ernährt sein Verständnis überall und wo und solange der „Fortschritt" noch währt. Seine Flachheiten und nicht seine Tiefen, nicht seine deutschen und jüdischen Qualen, machen ihn beliebt."[18] Dies ist eine Gegenmeinung zu der oben zitierten; sie kommt aus den Reihen des intellektuellen Judentums selbst. Auch wenn man der Schärfe der Argumentation nicht in allen Punkten zustimmen kann, so muß bedacht werden, daß hier nicht nationale Ressentiments und rassische Vorbehalte zu Wort kommen. Friedrich Sieburg, ein Kenner Frankreichs, hat zu der Frage der Rezeption Heines in diesem Lande Ähnliches gesagt: „Anderswo freilich, vor allem in Frankreich, erfüllt die Heinesche Dichtung nach wie vor die Vorstellung vom Poetischen, genau wie dort der Dichter selbst immer noch das faßlichste Bild eines deutschen Poeten" abgibt. Mit Vereinfachtungen dieser Art

---

18) Gundolf, Friedrich: in: Einleitung zu seinem Buch über „Stefan George", S. 11

wird die im Deutschen bestehende Spannung zwischen der Umgangssprache und der dichterischen Sprache vertuscht, die seit je unser Teil ist und unsere Haltung gegenüber dem lyrischen Gedicht erklärt, daher auch die Unüberführbarkeit unseres dichterischen Gutes auf eine fremde Sprachebene verständlich macht. ... Wo diese zwei Situationen zu einer verschmolzen sind, wo das dichterische und das soziale Sprechen zur Deckung gelangt wie in Frankreich, da werden Maß und Konvent zu lebenssteigernden Werten. Heinrich Heines Wirkung besteht darin, daß er sich auf der sozialen Sprachebene bewegte, also Behagen auslöste, und doch die elementare Sprachwelt täuschend nachzuahmen verstand. So wurde er der ganzen organisierten Menschheit verständlich, ohne sie doch des Schauers zu berauben, den sie von der Poesie nun einmal haben will."[19]

Zwei Aspekte sind es, die in beiden Zitaten angesprochen werden und die bei der Begründung des in diesem Kapitel betrachteten Phänomens eine Rolle spielen: einmal die Überzeugung, daß Heine an das Ausland nicht die Anforderung stellt, ihn aus deutschen Wurzeln zu begreifen, und daher faßlicher ist als etwa Eichendorff oder Mörike, — und zum anderen, daß in seiner Lyrik das dichterische und das soziale Sprechen verschmolzen sind und er auch aus diesem Grunde dem fremden Sprach- und Denkraum näher liegt als die meisten deutschen Lyriker. Aus diesem größeren Verständnis jedoch die Schlußfolgerung zu ziehen, als sei diese Popularität ein absoluter Erweis von dichterischer Qualität, halten wir zumindest für zweifelhaft. —

---

19) Sieburg, Friedrich: „Heinrich Heine" In: Nicht ohne Liebe. Profile der Weltliteratur. Deutsche Verlagsanstalt Stuttgart 1967, S. 46

B. Lyrik zwischen Ästhetik und Engagement

Ein Blick auf Heines Dichtung registriert ein Werk von beträchtlichem Umfang, was umso erstaunlicher ist, als Heine schon im Alter von 59 Jahren starb. Eine solche Fülle von Produktionen ergibt natürlicherweise eine Dichtung von unterschiedlicher Qualität. — Für unsere Untersuchung ist die Feststellung wichtig, daß sich Heines Ruhm — von den frühen Gedichten, zusammengefaßt im „Buch der Lieder", über den „Romanzero" bis zu den Späten Gedichten — vordringlich auf seine Lyrik gegründet hat. Auch Heines berühmteste politisch-zeitkritische Dichtungen, „Ein Wintermärchen" und „Atta Troll" sind Versepen. Es gab allerdings auch schon Zeitgenossen, die seiner Prosa den Vorzug gaben, was besonders bei den ideologisch ausgerichteten Schriftstellern des „Jungen Deutschland" der Fall war und was auch in den Tendenzen unseres Jahrhunderts zu Akzentverschiebungen führte. Heines literarische Biographie läßt erkennen — obwohl Prosa-Publikationen die Lyrik stellenweise zurückgedrängt haben — daß Gedichte in lockerer Folge die journalistischen und essayistischen Arbeiten in allen Phasen seines Lebens begleitet haben. — Wir sind daher der Meinung, daß man nicht von der heute häufiger vertretenen Meinung ausgehen kann, man solle die Beschäftigung mit Heine auf seine angeblich bedeutsamere Prosa einschränken: „Ohne wirkliche Kenntnis seiner lyrischen Dichtung, ohne ein Verhältnis zu ihr läßt sich seine Gestalt nicht fassen."[20] Darüberhinaus kann in dieser Untersuchung — was die Auswahl der Lyrik betrifft, in der sich Heines Dichtertum am charakteristischsten ausweist — nicht von der Meinung jener Interpreten ausgegangen werden, die Heines frühe Ge-

---

20) Storz, Gerhard: Heinrich Heines lyrische Dichtung", Stuttgart 1971, S. 23

dichte auf Kosten seiner späteren grundsätzlich abwerten. Gegen die spielerische Manier des „Buches der Lieder“ hat man — so auch Karl Kraus — den „Romanzero“ und die letzten Gedichte ausspielen wollen. Karl Kraus meinte z. B., das menschliche Leid des in der Matratzengruft liegenden Dichters sei echter als die spielerisch-melancholischen Ergüsse der frühen Dichtungen. Thematisch und erlebnismäßig mag es zweifellos so sein; dennoch stehen sie — unserer Meinung nach — mit ihrer Überlastung an z. T. falschen mythologischen Bildern, beißend-verletzendem Witz und überbetonten balladesken Elementen — künstlerisch durchaus nicht in der ersten Rangordnung der Heineschen Gedichte. Unter den frühen lyrischen Schöpfungen gibt es — trotz Virtuosentum und Klischee — Gedichte von unnachahmlichem Reiz und einer Frische des Tons, die das vielgescholtene „Buch der Lieder“ dennoch unvergänglich machen. —

Das umfangreiche und im Wert ungleichmäßige lyrische Werk dieses Autors erschwert die Möglichkeit eindeutiger Bewertung: nur ein Sowohl-als-auch, ein Nebeneinander, ja ein Gegeneinander von Meinungen und Richtungen läßt sich hier registrieren. Es ist Heines Fragwürdigkeit, aber vielleicht auch seine Stärke, daß er nicht einfach festzulegen ist. So sieht Claude David gerade in dieser Vieldeutigkeit Heines besondere Originalität: „Wo er am zweideutigsten scheint, ist der echte Heine zu suchen.“[21] Dies gilt besonders für den Bereich der Lyrik, in dem er eine Zwischenposition einnimmt: auf der einen Seite die leidenschaftliche Ablehnung einer Versdichtung, die sich verdringlich als Gefäß politischer Ideen begreift und der gegenüber die Reinform Goethescher Lyrik und romantischer Poesie verteidigt wird, auf der anderen Seite die unter dem

---

21) David, Claude: Zwischen Romantik u. Symbolismus 1920—85 Siegbert Mohn Verlag 1966, S. 107

Einfluß französischer Freunde, vor allem Béranges, mehr und mehr wachsende Ausrichtung auf sozialkritische Themen, die den ästhetischen Eskapismus seiner frühen Lyrik zugunsten einer Auffassung verdrängt, daß auch Lyrik Möglichkeiten enthalte, die ohne Verzicht auf ästhetischen Anspruch die Bezogenheit auf die Realität und ihre politischen Probleme umfassen könne. Der Niederschlag dieser Einsicht zeigt sich in Heines späterer Lyrik „Neue Gedichte", vor allem in der Gruppe „Zeitgeschichte", in denen Themen sozialkritischen Inhalts vor den rein privaten Problemen die Oberhand gewinnen. —

Daß Heine — bis auf wenige andersartige Ansätze — jenen „ästhetischen Eskapismus" in seiner frühen Liebeslyrik durchweg praktiziert hat, läßt sich an einer später gestrichenen Variante des „Atta Troll" ablesen, die auf eine Kunst jenseits des Engagements hindeutet und damit zugleich gegen jene vordringliche „Tendenzdichtung" angeht, wie sie besonders von Schriftstellern des „Jungen Deutschland" proklamiert wird:

„Traum der Sommernacht, phantastisch
zwecklos ist mein Lied, ja zwecklos
Wie das Leben, wie die Liebe.
Keinem Zeitbedürfnis dient es.

Sucht darin nicht die Vertretung
Hoher Vaterlandsinteressen
Diese wollen wir befördern,
Aber nur in guter Prosa.

Ja, in guter Prosa wollen
Wir das Joch der Knechtschaft brechen —
Doch in Versen, doch im Liede
Blüht uns längst die höchste Freiheit.

Hier im Reich der Poesie,
Hier bedarf es keiner Kämpfe,
Laßt uns hier den Tyrsus schwingen
Und das Haupt mit Rosen kränzen."

(Elster, Bd. II, S. 526)

Aber auch in dieser Hinsicht können wir Heine — wie so oft — nur bedingt beim Wort nehmen, nur insoweit nämlich, als die an dieser Stelle geäußerte Absage an die Adresse von Tendenzdichtern wie Herwegh, Freiliggrath und Hoffman v. Fallersleben gerichtet ist. Deshalb ist auch Heines spätere Zuwendung zur engangierten Lyrik kein absoluter Bruch mit seiner früheren Auffassung; die Ablehnung des „Engagements" beschränkt sich im o. aufgezeigten Zusammenhang nur auf einseitige, parteipolitische Bindung, was durchaus Heines Auffassung entspricht:

„Mein geliebter Pegasus,
Ist kein nützlich tugendhafter
Karrengaul des Bürgertums,
Noch ein Schlachtpferd der Parteiwut,
Das pathetisch stampft und wiehert!"

Im Blick auf Heines „Neue Gedichte" (1844) erkennt man immerhin deutlich, daß Engagement für Zeitfragen und sozialpolitische Thematik im Laufe der Entwicklung in seiner Dichtung an Boden gewonnen haben. —

I. Gedichte der Frühzeit

Buch der Lieder

Die Gedichtsammlung, die Heine nach früheren Einzelveröffentlichungen in Zeitschriften unter dem Titel „Buch der Lieder" zusammengefaßt hat, erschien 1827. Heine war zu dieser Zeit 30 Jahre alt. Eine Übersicht über die Geschichte der Ausgabe ergibt folgende Daten und Einzelheiten: Das Buch wurde als Erstdruck bei Hoffmann und Campe verlegt (1827), — die weiteren Auflagen erschienen 1837, 1839, 1841. Nach einer zunächst etwas zögernden Aufnahme wurde diese Sammlung nach 1835 mehr und mehr bekannt und beliebt, was die schnell aufeinanderfolgenden Ausgaben bezeugen.

In seinen frühen Jahren — vor seiner Studienzeit in Bonn — hat Heine verschiedentlich Gelegenheitsgedichte gemacht; erst nach seinem Besuch der literarischen Vorlesungen von Schlegel befaßte er sich entschiedener mit poetischen Gestaltungs- und Formfragen.

Das „Buch der Lieder" gibt ein Gesamtbild der frühen Phase von Heines lyrischer Dichtung; die Verarbeitung neu gewonnener literarischer Anregungen ist deutlich ablesbar. In Aufteilung und Gliederung folgt die Gedichtsammlung zyklischer Anordnung. Beeinflußt von Goethes „West-östlichem Divan", dem Heine nicht nur formal sondern auch thematisch (exotische Motive!) verpflichtet war, wächst ganz allgemein im frühen 19. Jahrhundert auch bei andern Dichtern die Vorliebe für den Gedichtzyklus: das Prinzip besteht in der Reihung und Verknüpfung von Teilerlebnissen zu einer Art epischen Geschehens. Goethes „Suleikalieder" gingen vorauf; Chamisso folgte mit „Frauenliebe und Leben", Wilhelm Müller mit den „Müllerliedern" und der „Winterreise", Heine mit dem „Lyrischen Intermezzo", Rückert mit dem „Liebesfrühling", Lenau mit den „Schilfliedern" und Platen mit den „Polenliedern". —

In Anlehnung an solche in der Zeit bevorzugte Formen ist das „Buch der Lieder" angeordnet.: Es umfaßt vier große Zyklen:

1. Lyrisches Intermezzo" 1822—1823
2. Die Heimkehr 1823—1824
3. Nordsee-Zyklen I u. II

Daneben stehen Gedichte „Aus der Harzreise" und die Gedichtgruppe „Junge Leiden", die den 1. Hauptteil bildet und wiederum in 4 kleine Abschnitte zyklisch unterteilt ist:

Traumbilder
Lieder
Romanzen
Sonette

Quellen und Vorbilder

Das eigentliche formale Vorbild fand Heine — wie o. bereits erwähnt — in Goethes „Westöstlichem Divan". (1819) Nicht weniger wichtig ist für ihn, der über eine universale Literaturkenntnis verfügte, die Lyrik- und Balladendichtung der Goethezeit: neben Goethe selbst Bürger, Hölty, Brentano, Fouqué und nicht zu vergessen Wilhelm Müller, dessen gängige Lieder Heine laut eigener Aussage viel bedeutet haben. Am 7. März 1829 schreibt er an Wilhelm Müller: „Ich bin groß genug, Ihnen offen zu sagen, daß mein kleines „Intermezzo-Metrum" nicht bloß zufällig Ähnlichkeit mit Ihrem gewöhnlichen Metrum hat, sondern daß es wahrscheinlich seinen geheimsten Tonfall Ihren Liedern verdankt, indem es die lieben Müller-Lieder waren, die ich zu ebender Zeit kennenlernte, als ich das „Intermezzo" schrieb. ... Ich habe sehr früh schon das deutsche Volkslied auf mich wirken lassen; späterhin, als ich in Bonn studierte, hat mir August Schlegel viel metrische Geheimnisse aufgeschlossen, aber ich glaube erst in ihren Liedern den reinen Klang und die wahre Einfachheit, wonach ich immer strebte, gefunden zu haben. Wie rein, wie klar sind Ihre Lieder, und sämtlich sind es *Volkslieder* (!)." Es bleibt jedem überlassen, die ebenso emphatische wie sentimentale Anerkennung jener Müllerlieder leichtester Prägung Heine hingehen zu lassen; der schwerwiegende Irrtum, es handle sich hier um Volkslieder, zeigt jedoch eine bedenkliche Verkennung des Volksliedtones und läßt spüren, wie gebrochen Heines eigenes Verhältnis zum Volkslied gewesen ist. Zwar müssen wir ihm seine Faszination durch das Volkslied, wie sie sich in seiner häufig geäußerten Bewunderung der romantischen Liedersammlung „Des Knaben Wunderhorn“ zeigt, sicherlich glauben. In den „Memoiren“, und oft schon vorher betont Heine den bedeutenden Einfluß, den das Volkslied auf seine ersten poetischen Versuche ausgeübt hat. Auch später verlor sich das Interesse nicht, wie ein Brief an Campe vom 14. September 1840 zeigt. Ob allerdings die theoretische Bewunderung des Volksliedes zu einer wahren Erkenntnis des Volksliedtons und vor allem zu einer Wesensannäherung zum Volkslied in der eigenen Dichtung geführt hat, wie viele Interpreten behaupten, wird im Kapitel der „Stiluntersuchung“ im Rahmen dieser Arbeit zu beantworten sein. Für Heine hat „Des Knaben Wunderhorn“ insofern jedenfalls nachhaltige Wirkung ausgeübt, als der freie artifizielle Gebrauch von Volksliederelementen in seinen Produktionen nicht zu verkennen ist. Wenn er z.B. in seiner dreiteiligen Schrift „Die Romantische Schule“ mit der romantischen Dichtung im allgemeinen ins Gericht geht, so klammert er dabei „Des Knaben Wunderhorn“ ausdrücklich aus: „Dieses Buch kann ich nicht genug rühmen; es enthält die holdseligsten Blüten des deutschen Geistes, und wer das deutsche Volk von der liebenswürdigsten Seite kennenlernen will, der lese diese Volkslieder... . Es liegt in diesen Volksliedern ein sonderbarer Zauber. Die Kunstpoeten wollen diese Naturerzeugnisse nachahmen, in derselben Weise, wie man künstliche Mineralwasser verfertigt. Aber wenn sie auch, durch chemischen Prozeß, die Bestandteile ermittelt, so entgeht ihnen doch die Hauptsache, die unzersetzbare sympathische Naturkraft.“[22]

Was hier so treffend theoretisierend gesagt wird, fällt praktisch auf den Autor selbst und seine Produktionen zurück; für ihn gilt, was hier zum Ausdruck kommt. Ahnungslose Bürgergenerationen haben „Die Loreley“ als Volkslied deklariert, sosehr diese sentimentale

---

22) H. Heine Werke, 216 f

Weise auch zum echten Volksliedton in Distanz steht. Wir glauben allerdings kaum, daß Heine selbst gegenüber diesem Sachverhalt so „ahnungslos" gewesen ist wie seine Leser und noch heute manche Interpreten glauben. Das geht aus einem Satz aus dem o. bereits zitierten Brief an Wilhelm Müller hervor „In meinen Gedichten hingegen ist nur die Form einigermaßen volkstümlich, der Inhalt gehört der konventionellen Gesellschaft." —

Zur dritten Auflage hat der Autor dem „Buch der Lieder" zwei Vorreden vorangestellt: eine in Versen und eine in Prosa. Beide hängen insofern zusammen, als der Dichter die Prosa-Vorrede mit dem Satz einleitet, er hätte das, was er voranstehend in Versen, ebensogut auch in Prosa sagen können.

Hier findet sich ein für Heine typisches Verfahren: die poetischen Mittel bewußt gegeneinander abzuwägen. Der nachgestellte Prosatext gibt zugleich den Grund an, weshalb Heine die 3. Auflage des Buches mit einem Einleitungsgedicht (13 Strophen) eröffnet; er ist mehr stimmungsmäßiger als sachlicher Natur: „Wenn man aber die alten Gedichte wieder durchliest, um ihnen, behufs eines erneuten Abdrucks, einige Nachfeile zu erteilen, dann überschleicht einen unversehens die klingelnde Gewohnheit des Reimes und Silbenfalls, und siehe! es sind Verse, womit ich die dritte Auflage des „Buchs der Lieder" eröffne."[23] Man kann die typisierende und superfizielle Begründung im Hinblick auf die Auswahl der poetischen Mittel schwerlich überhören. Die Verse, ohne Titel vorangestellt, spielen erneut mit den Motiven, die das „Buch der Lieder" erfüllen. Alle romantisierenden Klischees stellen sich ein: Märchenwald, Mondesglanz, Nachtigallenschlag und Traum, vor allem das beherrschende Motiv von Liebe und Liebesschmerz, effektvoll nüanciert durch die Vorstellungen von Grab und Tod. Auch der romantische

23) H. Heine, Werke, hrsg. von Stuad Atkins, Bd. I, S. 67

Topos des „Marmorbildes“ fehlt nicht. Die Vorliebe für grelle und kontrastierende Bilder manifestiert sich hier; außerdem fällt in diesem erinnernden Stimmungsgedicht die Neigung zu sorglos gebauten, unreinen Reimen auf (z.B. in den Strophen 4,10 u. 11 „Begehren“ auf „gewähren“ — „unermeßlich“ auf „gräßlich“ — „bedeuten“ auf „Seligkeiten“ u.a.). —

Thematisch betrachtet, bereiten die Strophen allegorisch die sich anschließenden „Traumbilder“ vor. Die Sphinx als Sinnbild tödlicher Liebe verweist auf die Motive der „Traumbilder“. —

Über die erlebnismäßigen Hintergründe des „Buches der Lieder“ liegt genügend biographisches Material vor; wir skizzieren es hier nur kurz: Bei einem Besuch der Hamburger Verwandten, 1815, lernte Heine seine Kusine Amalie, die sechzehnjährige Tochter seines Onkels Salomon Heine kennen und verliebte sich in sie. Die Liebe blieb unerwidert. Das Motiv dieser unglücklichen Liebe wurde zu einem wichtigen Impuls für Heines erste Dichtungsversuche und durchzieht als beherrschendes Motiv die gesamte Liedersammlung, was allerdings nicht besagt, daß es allein auf den o. bezeichneten Erlebnishintergrund zurückgeht. Bei der Interpretation von Heines früher Lyrik interessiert hier weniger der biographische Aspekt als vielmehr die besondere Verfahrensweise des Lyrikers Heine; an Hand von Einzelanalysen besonders exemplarischer Titel soll Heines Position im Rahmen der deutschen Lyrik des 19. Jahrhunderts beleuchtet werden. —

Junge Leiden 1817—1821

„Traumbilder“

Innerhalb der Gedichtgruppe „Junge Leiden“ steht der Liederkreis „Traumbilder“ an erster Stelle. Möglicherweise hat Heine den Ausdruck „Traumbild“ aus Höltys Gedichten übernommen, wo es einen solchen Titel gibt. Während es aber bei dem früheren Lyriker um ein von der Phantasie vorgegaukeltes Wunschbild handelt, wird bei Heine oft ein echtes Traumerlebnis beschrieben, das durch jähes Erwachen am Schluß des Gedichtes als solches enthüllt wird. Die Gruppe umfaßt 10 Gedichte ohne Titel, nur mit Zahlen versehen. Das erste hat die Funktion eines Prologs; in dreifacher Steigerung eröffnet es die Thematik des Liederkreises: unglückliche Liebe, Sehnsucht und Traum.

„Mir träumte einst von wildem Liebesglühn,
Von hübschen Locken, Myrten und Resede,
Von süßen Lippen und von bittrer Rede,
Von düstrer Lieder düstrer Melodien.“

Schon die erste Strophe des dreistrophigen Gedichts enthält die typisch Heinesche Stilfigur des Gegensatzes (Z. 2 u. 4, Z. 3) Myrte und Resede werden hier symbolisch gebraucht: in der antiken Mythologie trägt Aphrodite Myrten, in Frankreich gilt die Resede als Liebesblume. In der Dichtung der Zeit findet sich diese Blume in der Vorstellung von „Liebe und Tod“ gekoppelt (s. das berühmte Totengedicht von Hermann v. Gilm, das den Titel „Allerseelen“ trägt, „Stell auf den Tisch die duftenden Reseden...“). In diesem ersten Gedicht der „Traumbilder“ wird das beherrschende Thema der gesamten Liedersammlung intoniert: die bittere Anklage gegen die Geliebte, Treulose und Verlorene. Dennoch kann man trotz allem keinen abgegrenzten faktischen Erlebnisgrund annehmen. Einer solchen Fixierung hat Heine selbst widersprochen;“ Nur etwas kann mich aufs schmerzlichste verletzen: wenn man den Geist meiner Dichtungen aus der Geschichte (...) des Verfassers klären will. ... Wie wenig ist oft das äußere Gerüst unserer Geschichte mit unserer wirklichen, inneren Geschichte zusammenpassend! Bei mir wenigstens paßt es nie.“ (An Immermann, 10. Juni 1823) In der dritten Strophe nimmt Heine Abschied von den Gefühlen der frühen Jahre:

„Du bliebst, verwaistes Lied! Verweh jetzt auch
Und such das Traumbild, das mir längst
entschwunden,
Und grüß es mir, wenn du es aufgefunden —
Dem luft'gen Schatten send ich luft'gen Hauch."

Typisch für Heine ist auch — wie in diesem Gedicht — die Reflexion über die poetologische Konzeption, nach der Heine seine Lyrik verstanden wissen will.

Exemplarisch in dieser Gruppe erscheint auch das zweite Gedicht, insofern hier die Heinesche Konzeption des Traumes deutlich zum Ausdruck kommt; nirgends kann die Tatsache augenfälliger werden, daß das Vokabular der Romantik bei Heine einen anderen Inhalt hat. Was Novalis, was Eichendorff meinen, wenn sie „Traum" sagen, hat mit der Heineschen Vorstellung nichts zu tun. Im Traum ist — laut romantischer Auffassung — der Bereich des Irrationalen erreicht, — der Traum ist das verborgene Tor zum wesenhaften Sein. Hier ist das Verborgene nicht mehr verborgen hinter den Mauern des verstellenden Verstandes. Bei Heines Traumvorstellungen geht es nicht — wie bei Novalis — um das Einverständnis mit dem Geheimnis, bei ihm vermittelt die Gruppe der „Traumbilder" eine makabre Schauer- und Grabesspäre: Gespenstererscheinungen auf nächtlichem Kirchhof, Teufelspakt und andere Kruditäten spielen hier eine Rolle. Man kann sagen, daß „Traum" für Heine Einkleidung für Schauervorstellungen ist:

2. Ein Traum, gar seltsam schauerlich
   Ergötzte und erschreckte mich. (Kontrastierung!)
   Noch schwebt mir vor manch grausig Bild
   Und in dem Her zen wogt es wild.

Das Handlungsmotiv: Eine schöne Maid wird vom Ich-Autor am Wasser angetroffen, wie sie ihr weißes Kleid wäscht. Der erste Traum zerrinnt in Schaum; in einer reichlich trivialen Reimspielerei erschöpft sich hier die

Gestaltung des Traumerlebnisses. Im weiteren Gedicht schließen sich spukhafte Traumbilder an: „ein Mägdlein wundersam“ zimmert einen Eichensarg. Dies sind augenfällige Motive aus dem Volkslied, aber wie trivial werden sie hier aneinandergereiht! Traum und Tod, motivisch verknüpft, werden am Schluß des Gedichts höchst wirklichkeitsnah entlarvt:

„Und als ich in die Grube schaut,
Ein kalter Schauer mich durchgraut
Und in die dunkle Grabesnacht
Stürzt ich hinein und bin erwacht.“

Angesichts dieser banalen Schauerromantik muß man sich wundern, zu welchen verstiegenen Urteilen die Forschungsliteratur über Heine gelegentlich kommt, wenn angesichts dieser Verse behauptet wird: „Man kennt solche blitzschnellen Wechsel der Traumszenerie (...) Die Lyrik vor Heine weist kein Beispiel auf einer gleich künstlerisch-virtuosen Behandlung dieser oder ähnlicher Traummöglichkeiten.“[24]

Tatsache ist hingegen — und die Beispiele verdeutlichen dies — daß es sich hier um eine stark verwässerte Nachahmung der Volksballade handelt. Der „Traum“ liefert den Vorwand für eine üppig wuchernde, aber wenig originale Phantastik des Autors; über ein effektvolles Arrangement vorgefundener Motive aus Volksliedern, Legenden und Balladen kommt er nicht hinaus. Noch hat er zu keinem eigenen Stil gefunden, wenn auch einige Züge den späteren Heine ankündigen: Vorliebe für Kontrastbilder, Sinn für Nüancen und Kolorit. Der Mangel an Atmosphäre macht sich hier besonders bemerkbar, Witz und Ironie fehlen, Schauermotive herrschen vor. Heine hat — mit Ausnahme vielleicht des ersten Gedichts — in dieser Gedichtgruppe den eigenen Ton noch nicht gefunden, wenn man von einem deut-

---

24) Beyer, Paul: Der junge Heine: Eine Entwicklungsgeschichte seiner Denkweise u. Dichtung, — Berlin 1911, S. 58 f

lich satirischen Ansatz in Gedicht 8 der „Traumbilder“ absehen will, in dem parodistische Schilleranspielungen zu finden sind. — Die 2. Gruppe des Zyklus „Junge Leiden“ ist schlicht „Lieder“ überschrieben; sie umfaßt nur wenige Gedichte kürzeren Umfangs. Bei ähnlicher Motivik fällt eine größere Schlichtheit und Wortbeschränkung auf. Übertreibungen, Kruditäten, gehäufte Wiederholungen treten zurück. Typisch dafür ist das Anfangsgedicht:

> Morgens steh ich auf und frage:
> Kommt feins Liebchen heut?...

Dieses kurze (nur zweistrophige) Gedicht fällt durch seine Einsilbrigkeit auf. Es ist ein typisches Rede- und Antwortgedicht, wie es Heine liebt und vielfach praktiziert hat. Die Aussage des lyrischen Ich klingt wie vor sich hingesprochen, eingebunden in einen schwebenden Rhythmus. Empfindungen werden in Fragen und Aussagen aneinandergereiht. Die Konstruktionen dee Gedichts ist zusammengehalten durch das Nacheinander der Tageszeiten „morgens“ — „abends“, die damit dennoch eine Ganzheit deutlich suggerieren. Es gibt — unter der Fülle der Heine-Gedichte — solche, die das Effektische ausklammern (vielleicht denkt Hofmannsthal an diese, wenn er bei Heine von „seltenen Perlen“ spricht); das vorliegende Gedicht gehört dazu, deswegen können wir auch nicht die Auffassung mancher Interpreten teilen, daß die frühe Lyrik gegenüber der späteren durchweg abzuwerten sei. Es gibt Gedichte von unvergänglichem Reiz in der frühen wie auch in der späteren Lyrik, jedoch werden sie in der späteren unserer Meinung nach spärlicher; das poetische Gewicht tritt zurück vor der gewichtigeren Thematik. Die umfangreichste Gedichtgruppe des „Jungen Leiden“ ist der Liederkreis „Romanzen“. Die einzelnen Gedichte sind hier mit Titeln versehen. Heines Vorliebe für diese Gattung wird auch in der Tatsache deutlich, daß sich Romanzen noch später in der Gruppe „Neue Gedichte“ finden. Definiert wird „Romanze“ wohl am angemessensten mit „Ballade mit Motiven aus der Romania". Der Sprachgebrauch zu Beginn des 19. Jahrhunderts geht mit dem Ausdruck „Ballade" nachlässig um. Goethe hat aus den nordischen Balladentypus seine naturmythischen Gedichte wie den „Fischer" und den „Erlkönig" entwickelt. In der romantischen Balladendichtung kommen Motive der „Undine", „Melusine", „Loreley" u.a. hinzu. Sie üben schon auf den frühen Heine einen großen Einfluß aus; hier kann man wohl am ersten von einer Prägung durch die Romantik sprechen. —

Zu den wirkungsvollsten dieser Romanzen gehören „Belsazar" und „Die Grenadiere"; zur Charakterisierung des Heineschen Balladentypus fügen wir eine Analyse des „Don Ramiro" hinzu. Man hat die beiden ersten Balladen stets hoch bewertet; sie genossen große Popularität und fanden Eingang in die deutschen Lesebücher vieler Generationen. Dennoch dürfte sich die gegenwärtige Heine-Forschung nicht zu solchen unsachlichen Übersteigerungen hinreißen lassen, Heine habe mit diesen Balladen („Grenadiere", „Belsazar" u. „Don Ramiro") „Unüberbietbares" geleistet.[25]

Die Balladen — oder was „Die Grenadiere" betrifft — balladenartigen Gedichte haben in den beiden ersten Beispielen einen historischen Hintergrund: Die Greadiere des geschlagenen Napoleon und der gotteslästernde König Belsazar sind keine ausgedachten Figuren, sondern sind an historische Gegebenheiten gebunden. Heine sah im Jahre 1820 französische Grenadiere, die aus Sibirien heimkehrten: Elster wertet das als biographischen Bezugspunkt zur Datierung. Unabhängig aber von jedem biographischen Aspekt muß man das Werk als Ausdruck des emphatischen Napoleonkultes sehen, zu dem sich Heine schon in frühester

---

25) vgl. Fingerhut, Karl-Heinz: Standortbestimmungen, Vier Untersuchungen zu Heinrich Heine, Heidenheim (Brenz) 1971, S. 94

Jugend bekannt hat. Er schreibt darüber an Saint René Taillandier (3. XI. 1851): „La chose la plus importante, c'est que je suis né, et né aux bords du Rhin, ou j'ai déjà fait, à l'âge de seize ans, und poesie sur Napoléon, que vous trouvez dans mon „Buch der Lieder", sous le titre „Les Deux Grenadiers", et qui féra voir que tout mon culte d'alors était Napoléon." (3. XI. 1851)

Das Gedicht *„Die Grenadiere"* — neunstrophig — enthält wenig Tatsachenhandlung. Auf das voraufgegangene Geschehen wird nur mit zwei Zeilen angespielt. Die Situation der aus der russischen Gefangenschaft mitheimgekehrten Grenadiere wird in wenigen Worten mitgeteilt, ebenso die Gefangenschaft des Kaisers. Die Kunde von dem Geschick Napoleons, in emphatischer Wiederholung zur Sprache gebracht (Der Kaiser, der Kaiser gefangen), wird Anstoß zum Dialog in der Gegenwart, aus dem die gewaltige Vision der Zukunft entwächst, — das Ganze eine lyrisch-pathetische Rhapsodie, die durch die Schumannsche Vertonung zur vollen Wirkung kommt. — Die Technik der Situationsballade: einleitende Erzählung, Dialog zur Charkterisierung der beiden Grenadiere in kontrastierendem Rollenspiel und Zusammenfassung des Ganzen in der großen pathetischen Schlußvision ist zweifellos von eindringlicher Wirkung, wenn Claude David auch dem Gedicht mehr „Emphase" als „dichterische Kraft" zubilligt.[26]

Auch die Ballade *„Belsazar"* läßt sich als Situationsballade charakterisieren. Mit ihrer Vorlage verglichen (Bibl. Bericht, Daniel, Kap. 5), fällt die lakonische Behandlung des Stoffes auf. Wir erleben das Geschehen auf die nächtliche Szene verkürzt, — eine Darstellung voll sprachlicher Bewegtheit, vor allem durch die Verben und Partizipien, die die unruhigen optischen und akustischen Wahrnehmungen verbinden. Gesteigert bis zum Höhepunkt der Szene, („schäumend", „gel-

26) vgl. David, Claude, a.a.O. S. 109

lend“) schlägt die Bewegtheit um in gebanntes Verstummen, intensiviert durch die dreifache Erwähnung der schreibenden Hand und durch den Kontrast der Farbtöne („weiß“, — „Feuer“ —, „totenblaß“ — „kalt“). Heine verzichtet auf den Wortlaut der Schrift-Erscheinung im Vergleich zum biblischen Text; bei ihm wird der König schon vorher von Grauen erfaßt, woraus sich alle folgenden Ereignisse zu entwickeln scheinen. — Formal bedient sich Heine hier der im Sturm und Drang beliebten zweizeiligen Strophe. „Diese Strophenform erlaubt zugleich den unaufdringlichen Gebrauch von Wortwiederholungen von Strophe zu Strophe, jenes „Hakenstils“, wie ihn der mündlich vortragende epische Sänger anwendet.“[27]

Was die Quellen zu dieser Ballade angeht, so wurde auf den Bibeltext bereits hingewiesen. Es ist aber auch verbürgt, daß Heine Byrons Balsazar-Gedicht ebenfalls gekannt hat. Im Vergleich zu Byron, der sich eng an die Bibel anschließt, wirkt Heines Gedicht gedrängter, plastischer und dramatischer. —

Als exemplarisch für die in dieser Gedichtgruppe zusammengefaßten Romanzen-Balladen erscheint uns das Gedicht *„Don Ramiro“* , das von der Erscheinung des toten Don Ramiro als Geist auf der Hochzeit seiner Geliebten und ihrem Tanz in den Armen eines Toten handelt. Hier haben wir die bei Heine so beliebte Gespensterballade; dieses Beispiel ist im Vergleich zu den anderen bemerkenswert lang. Die Ballade trägt das in der Zeit beliebte spanische Kostüm. Formal charakteristisch ist das einführende Zwiegespräch zwischen Donna Clara und ihrem ehemaligen Verlobten Don Ramiro, den sie in diesem Gespräch zu ihrer Hochzeit mit einem anderen, Don Fernando, einlädt. Es folgt die Schilderung der Stadt Toledo und des Hochzeitszuges. Wie in vielen „Traumbildern“ findet mitten im Ge-

---

27) Heine, Werke, hrsg. + kommentiert v. Stuart Atkins, Bd. I, S. 739 (Kommentar)

dicht ein Wechsel statt. Die Szenerie wird zum Traumbild: die Welt der Lebenden wird zur Welt der Toten. Don Ramiro erscheint als „Ritter im schwarzen Mantel“ und fordert Clara zum Tanz auf. Gegen ihren Wille folgt sie ihm, angewidert von Todeskälte und Leichengeruch. Der Traum endet mit dem Augenblick, als sie Ramiro fortschickt. Sie erwacht, der „Nebelschlummer“ weicht. Mit der Nachricht von dem kürzlich erfolgten Tode Don Ramiros nehmen die vier letzten Strophen die Handlung der Ballade wieder auf. —

Das Thema von der Untreue der Braut ist in der Ballade der damaligen Zeit sehr häufig, z. B. in Eichendorffs Ballade „Die Hochzeitsnacht“ (1810). Aber während hier der Liebesverrat bestraft wird, indem der betrogene Liebhaber die untreue Geliebte an seine kalte Brust drückt und damit ihren Tod besiegelt, bleibt die Wiederbegegnung der ehemaligen Verlobten bei Heine ein Traum, der lediglich Schauer in der Seele des Mädchens zurückgelassen hat. Eine andere Bestrafung erfolgt nicht; das Sühnemotiv wird hier nicht zum Mittelpunkt des Geschehens. Ob man aber die vorliegende Gespensterballade — auf Grund eines Zurückgreifens auf die ältere Fassung — so stark mit einer modern anmutenden gesellschaftskritischen Tendenz befrachten darf, wie Winfried Freund es tut[28], erscheint uns zumindest als überakzentuiert. Konstruiert mutet außerdem die psychologisierende Schlußfolgerung an, die aus dieser effektvollen Gespensterballade im Hinblick auf den Leser gezogen wird: „Durch die Einsicht in die Klischeehaftigkeit oder wie im „Don Ramiro“ in die den realen gesellschaftlichen Verhältnissen verschleiernde Simplifizierung der Schuldfrage, soll die fixierte Erwartungshaltung des Lesers aufgebrochen und einer konkreten Lebensbewältigung der Weg gebahnt

28) vgl. Freund, Winfried: „Allnächtlich zur Zeit der Gespenster“ Heine — Jahrbuch 81, S. 55—71

werden."[29] Der Verfasser dieser Äußerung verwechselt hier augenscheinlich etwas zu sehr die Positionen der damaligen und der heutigen Epoche; hier läßt sich — wie häufig in der modernen Heineliteratur — „eine bedenkliche Identifikation mit diesem Autor erkennen, als sei er ein Dichter unserer Zeit. Das ergibt eine Distanzlosigkeit, die schwerlich erkenntnisfördernd ist."[30]

Die 4. Gruppe der Gedichte „Junge Leiden", die *Sonette*, sind in den Jahren 1820/21 entstanden, als Heine in näherer Beziehung zu Schlegel stand. So kommt denn auch dem Widmungsgedicht „An A.W. von Schlegel" die Funktion eines Prologs zu, der die Huldigung an den Lehrer zum Ausdruck bringt. Das 1. Sonett nach dem Prolog ist „An meine Mutter" überschrieben; der gespielte Hochmut in den Anfangsversen erinnert an Byron, man glaubt ihn nicht recht. Das gleiche Thema: „Liebe zur Mutter" wird in dem späteren Gedicht „Nachtgedanken" in einer für Heine weit charakteristischen Manier (Saloppe, ironisierende Ausdrucksweise!) abgehandelt. — Den wichtigsten Teil der Gruppe bilden die „Fresko-Sonette an Christian S." Man kann auch in ihrem bitter-sarkastischen Ton Byrons Einfluß nicht verkennen. Über dessen Einfluß auf den jungen Heine schreibt dieser selbst: „Während ich dieses schreibe, erfahre ich, daß mein Vetter, Lord Byron, zu Missolungi gestorben ist. So hat auch dieses große Herz aufgehört zu schlagen! ... Ja, dieser Mann war groß, er hat im Schmerze neue Welten entdeckt, er hat den miserablen Menschen und ihren noch miserableren Göttern prometheisch getrotzt ... ." (Brief an Christiani vom 24. Mai 1824) — Kontrastvorstellungen von „Liebe" und „kaltem Hassen" beherrschen die Thematik. Anspielungen auf zeitgenössische literarische Mo-

---

29) ebd S. 60

30) Behal, Michael, In: H. Heine. Epoche-Werk-Wirkung. Beck's Elementarb. München 1980, S. 334

tive (Einfluß der Maskerade in E.T.A. Hoffmanns „Prinzessin Bambilla“ und Ähnlichkeit der Motivik „Maskenball“ in Eichendorffs „Ahnung und Gegenwart“) finden sich in dieser im ganzen recht wenig originellen Gedichtgruppe. — Heines universale Literaturkenntnis zeigt sich in den vielen Anleihen von Bildern und Motiven aus früherer und zeitgenössischer Dichtung; auch der Ausdruck von „Wurmgezücht“ (IX. Sonett) ist möglicherweise aus Byrons „Childe Harold's Pilgrimage“ IV, 136 „Reptile crew“ übernommen worden. —

Lyrisches Intermezzo

Auch der Zyklus „Lyrisches Intermezzo“, einer Gruppe „kleiner, maliziös-sentimentaler Lieder“, wie Heine sie selbst genannt hat (an Immermann, 24. XII. 1822) hat Liebeslust- und Schmerz als Thematik. Nun liegt die Ursache des Leidens an der Liebe mehr im Liebenden selbst, — in seiner Gehemmtheit, in seinem Stolz oder in der Abkühlung seiner Liebe. Der Leser wird in den Akt der dichterischen Mitteilung miteingeschlossen; er wird als „urteilende Instanz“ vorausgesetzt. „Deshalb dringt, vom „Lyrischen Intermezzo“ an, die gleiche Ambivalenz, die für die Liebesbeziehung im „Buch der Lieder“ charakteristisch ist, auch in das Verhältnis des Gedichts zum Leser ein. Einverständnis ist daher nur noch in der Ironie möglich, die immer mehr Bedingung für die Gefühlsaussprache wird.“[31]

Die Gedichte des „Intermezzo“ sind zyklisch zusammengefaßt, aber die Anordnung ist weder im biographischen, noch im epischen Sinne chronologisch. Hier ist schon eine Mannigfaltigkeit des Kolorits und der Nüancen, die für Heines Lyrik mehr und mehr charakteristisch wird. Daß das „Intermezzo“ als Zyklus so harmonisch wirkt, liegt an der Kunst der Verkettung durch

---

31) Brümmack, Jürgen. In: H. Heine. Epoche-Werk-Wirkung. a.a.O. S. 99

Wiederaufnahme neuer Wörter: Leitmotivische Wiederholungen, Wortassoziationen, Weiterführung von Gedanken und Bildern gehören zu den artifiziellen Mitteln dieser Technik.[32]

Im „Intermezzo“ verfährt Heine entschieden lakonischer als vorher; Dichte wird — mehr als früher — durch Vereinfachung, nicht durch Anhäufung von Motiven erreicht. Die epigrammatisch-zugespitzte Form gewinnt durch Elemente von Kontrast und Ironie einen Rang, der in einigen dieser Gedichte den häufig nur oberflächlichen Reiz Heinescher Lyrik übersteigt. Heine erkennt sich selbst in einem Brief an Immermann, wo es heißt, daß seine Sicherheit nicht aus „träumerischer Selbsttäuschung“ entspringe, sondern „vielmehr aus dem klaren Bewußtsein, aus der genauen Kenntnis des Poetischen und seines natürlichen Gegensatzes, des Gemeinen. Alle Dinge sind uns ja nur durch ihren Gegensatz erkennbar, es gäbe für uns keine Poesie, wenn wir nicht überall auch das Gemeine und Triviale sehen könnten... .“ (Brief v. 10. Juni 1823). Dies ist ein im Hinblick auf die Klassifizierung Heinescher Dichtung sehr aufschlußreicher Satz: er zeigt den klaren Abstand zur Dichtung der Klassik ebenso wie zur Romantik. Ein solcher Unterschied läßt sich — in den Gedichten des „Intermezzo“ — vor allem auch in der Naturauffassung feststellen. Obwohl in Heines Gedichten eine Überfülle von Natur-Motiven vorkommt, bescheinigt ihm Kommerell mit Recht „Naturlosigkeit“.[33]

Die Natur ist nicht um ihrer selbst willen da, sie gilt auch nicht als Symbol des Unendlichen im Endlichen (wie bei Goethe), oder als Chiffre jener magischen Entgrenzung zwischen Ich und Welt (Romantik), sondern dient als Kulisse, als volksliedhafte oder

---

32) vgl. Thompson, Herta M. „The Use of the Word — Link in Heine's Poems. In: Washington Univ. Studies 4, 1906, S. 209—226

33) vgl. Kommerell, Max: Das Volkslied und das deutsche Lied. In: Fleies Dt. Hochstift, Halle 1932/3 S. 46

orientalische Staffage (Exotismus). Heine weiß sehr wohl um die Unmöglichkeit, für sich eine Harmonie aus einzelnen, separaten Elementen aufzubauen; daher greift er zu Mitteln überraschender Wendungen, die das vorher Gesagte zurücknehmen, um jene Disharmonie und Zerrissenheit evident zu machen. So wird das Spielerisch-Artifizielle erreicht, das sein eigentlicher Ausweg ist. —

Es sind vor allem die Gedichte des „Lyrischen Intermezzo“, die die großen zeitgenössischen Komponisten zu Vertonungen angeregt (z.B. Robert Schumann „Dichterliebe“ u.a.) und so Heines Namen als Lyriker unvergeßlich gemacht haben. Über die Popularität dieses Zyklus beim deutschen Lesepublikum war der Dichter selbst erstaunt. Jedoch hat diese Gedichtgruppe nicht nur Zustimmung gefunden. Satirisch kritisiert der Schriftsteller Friedr. Wilhelm Neumann (1784—1834) die Verwertung von Heines Liebesschmerz auf dem Buchmarkt 1828 in einer Parodie:

„Den Gärtner nährt sein Spaten,
Den Bettler sein lahmes Bein,
Den Wechsler seine Dukaten,
Mich meine Liebespein.

Drum bin ich dir sehr verbunden,
Mein Kind für dein treues Herz:
Viel Gold hab' ich gefunden
Und Ruhm im Liebesschmerz.

Nun sing ich bei nächt'ger Lampe
Den Jammer, der mich traf:
Er kommt bei Hoffmann und Campe
Heraus in klein Oktav.“

Ein typisches Beispiel für das pointierte Kurzgedicht, wie es besonders für das „Lyrische Intermezzo“ charakteristisch ist, bildet Nr. XXXIX „Ein Jüngling liebt ein Mädchen“, Heinesch ist die Manier, wie hier mit leichter Hand — mit wenigen Strichen — eine bürgerlich klingende Tragikkomödie nachgezeichnet wird. Die beiden letzten Zeilen widersprechen dem leichten Ton, ja sie heben ihn auf. Eigener Erlebnishintergrund bietet wohl den Anlaß zu dieser ins Allgemeine ausgeweiteten Geschichte. Aber dieses Kurzgedicht unterscheidet sich von dem sentimentalen Ton, den Neumann parodiert und den Karl Kraus mit dem Ausdruck „tränenselige Stofflichkeit“[34] belegt, etwa ähnlich wie die Titel „Warum sind denn die Rosen so blaß?“, „Aus meinen großen Schmerzen“, „Hör ich ein Liedchen klagen“ u.a. — Deutlicher noch zeigen sich Aspekte des Satirischen in dem berühmten Gedicht: „Sie saßen und tranken am Teetisch“. Geradezu szenisch wird hier eine der damals in den Salons üblichen Teegesellschaften dargestellt, wie sie Heine sicherlich in Berlin kennengelernt hat. Seine Abneigung gegenüber solchen gesellschaftlichen Veranstaltungen erfahren wir aus einem Brief an Karl Immermann: „Das Verlegersuchen gehört zu den Anfängen des schriftstellerischen Martyrismus. Nach den buchhändlerischen Verhöhnungen und dem Insgesichtgespucktwerden kommt die teegesellschaftliche Geißelung.“ (14. Januar 1823). Sarkastisch wird in dem o. zitierten Gedicht eine solche Teegesellschaft ins Auge gefaßt und ihre verlogene Gefühls-Konvention ironisierend entlarvt. — Noch intensiver erscheint das satirische Element in dem Gedicht: „Zu fragmentarisch sind Welt und Leben“, in der die Charakterisierung des „Professors“ bereits einen Vorgeschmack von Heines späteren Schmähschriften , z. B. („Börne“ — „Platen“) bietet.

Eine Thematik, die für Heine und die Dichtung seiner Zeit von Bedeutung ist, steht im „Lyrischen Intermezzo“ im Mittelpunkt und findet sich auch noch in seinen späteren Gedichten: die Thematik des Exotischen. Goethes „West-Östlicher Divan“ ist hier wieder-

---

34) Kraus, Karl: „Heine und die Folgen“., a.a.O. S. 178

um berühmtestes Vorbild; sein Einfluß auf Heine ist — bis hinein in poetologische Details — nicht zu verkennen. Zu der typisch orientalischen „Personifikation der Lieder“ in Goethes „West-Östl. Divan“:

„Liebchen, ach! im starren Bande
Zwängen sich die freien Lieder
Die im reinen Himmelslande
Munter flogen hin und wieder.“ (Buch der Liebe)

heißt es analog bei Heine:

„Aus meinen großen Schmerzen
Mach ich die kleinen Lieder ...“

Ähnlich wie Goethe, Herder, Aug. Wilh. und Friedrich Schlegel begeisterte sich auch Heine für die Kultur des Orients, die seit jeher große Anziehungskraft für die deutsche Literatur besaß. Was aber z. B. Goethes Bezug zur Gedankenwelt des Orients in den Augen eines Orientalen von der Heines unterscheidet, wird in einer Beurteilung deutlich, die man in Muhammad Iqbals Buch „Botschaft des Ostens, Horst Erdmann Verlag 1977 lesen kann. Der von Persien beeinflußte muslimische Dichter (1877—1939) aus dem pakistanischen Subkontinent bescheinigt Goethe (, der „Wärme aus der Brust des Orients“ erwartet) eine echte Beziehung zur östlichen Welt, wohingegen er bei Heine in seinem ganzen Wesen keinen Zusammenhang mit der orientalischen Strömung sehe.[35] Auch hier ist wiederum ein Beweis erbracht aus dem Munde eines in dieser Frage Berufenen, daß Heine nicht in den Dingen *wohnt*, so „überaus schön“[36] er sie auch besingen kann. —

Heine machte in Berlin die Bekanntschaft mit dem berühmten Indogermanisten und Sanskritforscher Franz Bopp und hörte bei ihm Vorlesungen über altindische

---

35) vgl. Iqbal, Muhammad: Botschaft des Ostens, Horst Erdmann Verlag 1977, S. 122

36) vgl. ebd.

Dichtung. So nahm er die Motive der fremden Welt in sich auf und verwendete sie als neue Variation seiner Thematik. Wie pauschal und wenig differenziert er das alles sah (und später auch verwendete), sagt er im II. Kapitel der „Ideen“: „... ich (sah) die liebe Heimat, den blauen, heiligen Ganges, den ewig-strahlenden Himalaya, die riesigen Bananenwälder, in deren weiten Laubengängen die klugen Elefanten und die weißen Pilger ruhig wandelten, seltsam träumerische Blumen sahen mich an, heimlich mahnend, goldene Wundervögel jubelten wild, — ... usw. usw.“.[37] Angesichts dieser exotischen Klischees kommt es zur satirischen Meinungsäußerung von Karl Kraus: „Der Autor, der fremde Kostüme ausklopft, kommt dem stofflichen Interesse von der denkbar bequemsten Seite bei. Der geistige Leser hat deshalb das denkbar stärkste Mißtrauen gegen jene Erzähler, die sich in exotischen Milieux herumtreiben.“[38] Das bissige Wort gilt natürlich auch für Heines Lyrik, wie im folgenden zu zeigen sein wird. — Die o. beschworene Landschaft, wie sie dann ebenso in den Gedichten mit exotischer Thematik verwendet wird, hat weder symbolischen Charakter noch echte Natur-Anschauung. Die exotischen Elemente sind auf Effekt angelegt, sie bieten Klang- und Farbreize als Bereicherung für das Heinesche Bildmaterial. Killy weist auf den tieferen Beweggrund hin, der Heine dazu treibt, sich der exotischen Motivik so ausgiebig zu bedienen: er sieht es als einen der Wege Heines, seine Sprachnot zu überwinden. „Die Suche des unverbrauchten Bildes — Ein Bild! ein Bild! mein Pferd für'n gutes Bild! (Heine I, S. 256) — führte in das Exotische, denn alles Heimatliche war gar zu vertraut geworden.“[39] Die Motivik der orientalischen Landschaft: Ganges, Palme und Lo-

---

37) Heine, Werke (hrsg. von Elster) Bd. IV, S. 63

38) Karl Kraus, a. a. O. S. 172

39) Killy, Walther: Wandlungen des lyr. Bildes, Vandenhoeck u. Rupprecht, 1978, S. 105

tosblume haben den Reiz des Neuen und Unverbrauchten, mit welchem sich weder Tradition noch bisherige Kunstvorstellungen assoziieren. — Das wohl berühmteste Gedicht mit exotischer Motivik — berühmt vor allem auch durch die Vertonung Robert Schumanns — ist der 9. Titel des „Lyrischen Intermezzos“: „Auf Flügeln des Gesanges“. Das 5-strophige Gedicht fügt stimmungsbetonte exotische Elemente lose aneinander: die fremdartige Landschaft mit Fluß und fremden Blumen und Tieren suggeriert den ganz allgemein evozierten „schönsten Ort“ für „Herzliebchen“. Aber die orientalische Welt ist nicht einheitlich veranschaulicht, heimatliche Bilder — neben der „Lotosblume“ sind es „Veilchen“, die „kichern und kosen“ — werden hineingemischt. Teichgräber spricht von einem Verfremdungseffekt.[40]

Der Orientale kann hier seine Welt nicht vorfinden und soll es wohl auch nicht, denn der Dichter selbst traut den fremden Bildern nicht: in dem fernen Garten voller Exotik werden die vertrauten Bilder nicht ausgeschlossen. Aber neben der Uneinheitlichkeit des Naturbildes geht es in diesem wie in fast allen Heine-Gedichten überhaupt nicht um ein Anschauungbild der objektiven Natur; trotz der reizvollsten Impressionen von Naturbildern muß man auch hier mit Kommerell von „Naturferne“ sprechen. Wie sehr diese Impressionen auf den Menschen bezogen sind, ja allein um des Stimmungseffekts da sind, bezeugen Wendungen wie „Die Lotosblumen erwarten ihr trautes Schwesterlein.“ u.ä. —

Die Lotosblume — kostbar und mit menschlicher Empfindsamkeit ausgestattet — Killy nennt sie eine „bloße Redefigur“[41] — steht auch im Mittelpunkt des 10. Titels

40) vgl. Teichgräber, S. Bild u. Komposition i. H. Heines „Buch der Lieder“, Diss. Freiburg i. B. 1963, S. 35

41) vgl. Killy, Walther, a. a. O. S. 108

der Gedichtgruppe: „Die Lotosblume ängstigt..." Was o. über die für Heine typische Naturbehandlung gesagt wurde, gilt auch hier. Wenn auch von Sonne, Mond und Blumen die Rede ist, so hat das mit echter Naturlyrik nichts zu tun. Dennoch kann man dieser durchaus nicht anverwandelten, sondern recht eigentlich Heineschen Kunstlandschaft Stimmungsreiz und formale Grazie nicht absprechen, sosehr sich auch dieses Gedicht mit seiner fragwürdigen Reflexion an der Grenze des preziösesten Einfalls bewegt. —

Weniger gilt dies für den Titel 33 des „Lyrischen Intermezzo" „Ein Fichtenbaum steht einsam". Das Gedicht hat nur zwei Strophen und ist auf den höchst manieriert wirkenden Kontrast von Fichtenbaum und Palme aufgebaut. Das Naturbild ist hier nur Staffage, Fichtenbaum und Palme sind Klischees für Landschaftskontraste und Personifizierungen zugleich. Wir widersprechen in diesem Zusammenhang Berendsohn, der behauptet: „Die Entgrenzung von östlich und westlich, von nah und fern, von Eis und brennend gibt diesem Gedicht seine Valeurs."[42] Mit welchem unbegründeten Tiefsinn er dieses Gedicht befrachtet, beweist seine Auffassung, daß dieser Traum vom Östlichen dem erstarrten Okzidentalen Leben und Reiz zu eröffnen vermag. Ähnlich enthusiastisch äußert sich Laura Hofrichter[43] über diese Verse. Als äußerstes negatives Extrem — wir erkennen an dieser Stelle den Abstand der Meinungen — zitieren wir hier zu diesem Gedicht den sprachlich immerhin sehr feinfühligen Karl Kraus: „Wenn aber ein Fichtenbaum im Norden auf kahler Höh' steht und von einer Palme im Morgenland träumt, so ist das eine besondere Artigkeit der Natur, die der

---

42) Berendsohn, Walter: Heines Buch der Lieder", in: Heine-Jahrbuch 1962, S. 30

43) vgl. Hofrichter, Laura: Heinrich Heine. Biographie s. Dichtung, 1966, S. 33

Sehnsucht Heines allegorisch entgegenkommt. Wer je eine so kunstvolle Attrappe im Schaufenster eines Konditors oder eines Feuilletonisten gesehen hat, mag in Stimmung geraten, Wenn er selbst ein Künstler ist. Aber ist ihr Erzeuger darum einer?)[44]

Heine ist auch noch in seinen späteren Gedichten manchesmal in exotische Zonen ausgewichen, z. B. in dem schönen und verhaltenen Gedicht „Der Asra" im „Romanzero". Das Motiv der „Lotosblume" hat er noch einmal in der Pariser Zeit aufgegriffen, aber diesmal geht es nur noch um einen höhnischen Nachruf auf sich selbst und die „Mouche", die sich einbildet, die Lotosblume zu sein, während der Dichter sich im Bilde des Mondes ironisiert. In den Schlußzeilen wird die „Lotosblume" alles Lebendigen entleert gesehen:

„Doch statt des befruchtenden Lebens
Empfängt sie nur ein Gedicht. —

Die folgende Gedichtgruppe aus dem „Buch der Lieder" trägt den Titel „Heimkehr"; sie ist insofern biographisch bestimmt, als Heine im Jahre 1823 zu seinem Onkel Salomon Heine nach Hamburg reist, wo ihn erneut das Gefühl der unglücklichen Liebe zu seiner Kusine überfällt. Viel von dieser Liebesmelancholie ist in die Verse eingegangen, sosehr das rein Biographische auch nur als Anlaß wirkte. Viele Gedichte der „Heimkehr" sind nach ähnlichem Muster gestaltet: Der Dichter steht entfernt, er sieht eine Welt vor sich, von der er sich getrennt fühlt. „Ich stehe gelehnt an der Linde" (3), „Wir saßen am Fischerhause" (7), „Ich stand in dunklen Träumen" (23). Das Thema des einsamen Dichters steht im Mittelpunkt dieser Gedichtgruppe, die dem „Lyrischen Intermezzo" an Popularität nicht nachsteht, ja es sogar übersteigt. Die Außenwelt tritt zurück; die innere Welt des Traumes, der Melancholie

44) Kraus, Karl: Heine u. die Folgen, in: Magie d. Sprache, Suhrkamp 1979, S. 180

und des Liebesschmerzes erfüllt die dichterischen Aussagen. Goethe, der sich nie namentlich über Heine geäußert hat, obwohl er ihn und seine Gedichte kannte, wendet sich im Jahre 1832 mit seinem „Wort für junge Dichter“ ohne Namensnennung indirekt an Heine, wenn er sagt: „... fragt euch nur bei jedem Gedicht, ob es ein Erlebtes enthalte und ob das Erlebte einen gefördert habe. — Ihr seid nicht gefördert, wenn ihr eine Geliebte, die ihr durch Entfernung, Untreue, Tod verloren habt, immerfort betrauert. Das ist gar nichts wert, und wenn ihr noch so viel Geschick und Talent dabei aufopfert.“[45]

Die Bezugname auf Heines „Buch der Lieder“ ist kaum zu übersehen. Aus der „Heimkehr“ ist das Gedicht „Wir saßen am Fischerhause“ insofern interessant, als wir hier das Motiv des Exotischen wiederfinden, das im „Lyrischen Intermezzo“ so beherrschend war. In den letzten Strophen des 7strophigen Gedichts finden wir eine Gegenüberstellung des Traumlands „Indien“ mit der Gegenwelt „Lappland“, die an Krudität nichts zu wünschen übrig läßt:

„Am Ganges duftet's und leuchtet's,
Und Riesenbäume blühn,
Und schöne, stille Menschen
Vor Lotosblumen knien.

In Lappland sind schmutzige Leute,
Plattköpfig, breitmäulig und klein;
Sie kauern ums Feuer, und backen
Sich Fische, und quäken und schrein“

Wie wir im Vergleich zum „Lyrischen Intermezzo“ sehen, werden in der Gedichtgruppe „Die Heimkehr“ die Dinge distanzierter betrachtet; im Hintergrund evozierter Paradieseslandschaft lauert das Gegenbild, die andere Wahrheit, die jeden Augenblick das vorher

45) zitiert bei Berendsohn, a. a. O. S. 41

Gesagte aufheben kann. So entzaubert der Autor den Glauben an eine mögliche Flucht in den Traum, indem er die Bilder auf eine so grelle Weise ironisierend gegeneinander setzt. In dem Kurzgedicht „Zu fragmentarisch ist Welt und Leben" wird zudem in der Charakterisierung des deutschen „Professors" jener scharfe Ton angeschlagen, der auf die späteren Personalsatiren und Schmähschriften Heines bereits hinweist. — Das bekannteste Gedicht aus dem Zyklus „Die Heimkehr" ist zweifellos die lyrische Ballade „Die Loreley". Es ist bekannter als sein Autor und gehört in den Stimmungskanon der Nation, namenlos (als Volkslied) sogar bestehen gelassen in der Zeit des „Dritten Reiches". Es entstand 1823 und wurde bereits ein Jahr danach von Silcher vertont, in welcher Fassung es dann auch sehr bald populär geworden ist. Nicht Heine war es allerdings, der die Figur der Loreley erfunden hat, sondern Brentano, aber es war Heines Version, die an Popularität alle anderen überragte. Um den Loreley-Felsen bei St. Goarshausen am Rhein rankten sich bereits im Mittelalter Sagen über Stimmen, die den Schiffer mit ihrem verführerischen Gesang vom Kurs ablenkten und ins Verderben stürzten. Erst um 1800 hat Clemens Brentano (1778—1842) mit seiner Ballade „Lore Lay" diese Phantasiefigur erdacht, die Heine dann einfach übernommen hat. In seinem berühmten Loreley-Gedicht vermischen sich Erinnerung an die Vergangenheit mit dem Ablauf gegenwärtigen Geschehens. Im Sinne eines Rahmens spricht das „Ich" des Gedichtes in der 1. und letzten Strophe von seiner Stimmung und beschwört „ein Märchen aus alten Zeiten" als Ursache seiner Traurigkeit, während in der letzten Strophe über einen möglichen Untergang des Schiffers reflektiert wird. Die vier Zwischenstrophen erzählen jenes „Märchen aus alten Zeiten" gewissermaßen aus der Sicht des Schiffers und des beobachtenden Erzählers. Erlebnis und Darstellung sind so ineinander verwoben, daß man von keiner scharfen Trennung zwischen beiden

Teilen sprechen kann. Dazu trägt auch das Tempus des Präsens bei, das — entsprechend dem Grundcharakter dieser grammatischen Zeit — das „Jetzt" und „Immer" gleichzeitig umfaßt. —

Was den Charakter des Gedichts betrifft, so hat man es gelegentlich in die Nähe des Volkslieds gestellt. Aber auch einzelne volksliedhafte Elemente: sprachliche Erscheinungen wie Inversion (Vers 1), unreiner Reim (Vers 18/20: „Weh" — „Höh"), Wiederholung des Subjekts in Form eines Pronomens (Vers 4), und archaische Formen („Melodei") sowie die ursprünglich mittelalterliche Thematik und die epische Reihung der Bilder, — das alles kann nicht darüber hinwegtäuschen, daß es sich hier dennoch nicht um einen echten Volksliedton handelt. „Und man kann sagen, daß das Verhältnis von Kunstbewußtsein und Volksliedstil dem Verhältnis von Rahmen und Binnenteil sowie von Reflexions- und Erlebnisperspektive entspricht und die „Loreley" sich damit als ein, im Schillerschen Sinne, sentimentalisches Gedicht erweist."[46] Wir stimmen dieser Auffassung zu, entspricht sie zudem der bis heute noch nicht überholten Untersuchung Kommerells über Heine und das Volkslied: „Dennoch: in Wendung und Gesamtton in jener *gewollt* einfachen Gebärde, selbst wenn sie sich selbst äfft, regiert das Volkslied noch über die letzten Lieder Heines. Allerdings rein künstlerisch, in der Weise des Unglaubens. Da das Volkslied wiedergeboren ist, so stirbt es auch einen zweiten Tod — in Heine."[47]

Was die Beurteilung dieses Gedichts betrifft, so kann man — wie so oft im Fall Heine — in der Forschung diamentralen Meinungen begegnen. Claude David spricht von einem „nach alten Rezepten zusammenge-

---

46) Brummack, Jürgen: In: Epoche — Werk — Wirkung, Beck'sche Elementarbücher. München 1980, S. 103

47) Kommerell, Max: Das Volkslied u. das dt. Lied, Niemeyer Halle, 1932/33

flickte(n) Gedicht[48], während Ursula Jaspersen in diesen Versen „eine kunstvolle Spannungsfigur“[49] entdecken will und in diesem Zusammenhang ausführt: „Persönliche Stimmung und persönliches Erlebnis (Loreley ist die archetypisch verwandelte Amalie) setzen sich hier aufs *sublimste* in ein romantisches Bild um.“[50] Beide Äußerungen erscheinen uns jeweils sowohl im Negativen wie auch im Positiven übertrieben, wobei allerdings die Behauptung von dem bei Ursula Jaspersen konstruierten Erlebnishintergrund („Loreley“ als archetypisch verwandelte Amalie) als eine abwegige Annahme betrachtet werden muß. — Es ist festzuhalten, daß die mit bewußter Artistik gestalteten Verse in ihrer Meisterschaft der Klang- und Farbeffekte von Generation zu Generation ihren pseudoromantischen Effekt nicht verlieren. Dennoch kann erst ein Vergleich mit Brentanos Romanze „Lore Lay“ und mit Eichendorffs Weiterbildung des Motivs im „Waldgespräch“ verdeutlichen, daß wir uns hier in anderen dichterischen Dimensionen befinden. Weder findet sich bei Heine der innige Zusammenhang Brentanos mit den in „Des Knaben Wunderhorn“ gesammelten Volksliedern, noch lebt in seiner Dichtung jener tiefsinnige Zauberklang, mit dem sich Eichendorff die Natur zu-eignet. Die wundersame Schlußzeile des „Waldgesprächs“: „Kommst nimmermehr aus diesem Wald“ trägt jenen auch bei Eichendorff — trotz aller Geborgenheit in Gott — spürbaren Reiz des Abgrunds, wie er von ihm und nur von ihm allein in Worte gefaßt werden kann. Umsomehr erstaunt uns der fundamentale Irrtum der sich in Walter Höllerers Arbeit „Zwischen Klassik und Moderne“ vorfindet. Der Autor weist dort die berühmte Schlußzeile aus Eichendorffs „Waldgespräch“

48) David, Claude, Gesch. der dt. Lit. Sigbert Mohn Verl. 1966, S. 110

49) Jaspersen, Ursula: „Ich weiß nicht, ...“ In: dt. Lyrik, A. Bagel Verl. 1956, S. 133

50) ebd. S. 133

der Romanze „Lore Lay“ von Brentano zu. —[51]

Am Ende der Gedichtgruppe „Die Heimkehr“ steht das relativ lange und strophisch nicht unterteilte Gedicht „Götterdämmerung“. Wie es formal aus dem Rahmen fällt, so unterscheidet es sich auch thematisch insofern von den übrigen Gedichten, als es über die mehr private Sphäre hinausgeht. Schon der Titel deutet das an. Von Vers 1—7 wird — ganz konventionell gesehen — die Ankunft des Frühlings mit einigen gängigen Klischees veranschaulicht: der Mai mit „goldnen Lichtern“, „seidnen Lüften und gewürzten Düften“, mit „weißen Blüten“ grüßt er „aus tausend blauen Veilchenaugen“ u.s.w. — Karl Kraus' Charakteristik von Heines Lyrik als „verzuckerte Idee“, als „Operettenlyrik“ drängt sich hier geradezu auf. Aber Heine — das wird aus dem Folgenden klar — gibt an dieser Stelle mit verfügbaren Mitteln nur eine Art Abstraktion der Frühlingsfigur. Sie ist nicht um ihrer selbst willen da, sondern gilt lediglich als Ausgangs- und Anknüpfungspunkt für die Idee, die Heine verdeutlichen will. Wenn hier die Ankunft des Frühlings beschrieben wird, so nur um der Wirkung willen, die er auf „das blöde Volk“ (V. 8) ausübt. Sehr bald wissen wir schon, worauf es dem Autor ankommt: Er spart nicht mit grellen Attributen, um seinen Hohn auf das „blöde Volk“ zum Ausdruck zu bringen. Hier ist die Rede von Frauen, die sich in „Unschuldweiß“ kleiden, von Jünglingen, die sich den „Frühlingsschnurrbart“ kräuseln, von Jungfrauen, die „ihre Busen wallen“ lassen, — eine ziemlich rüde, wenig differenzierte Ironie trifft hier den Philister, den Heine zeit seines Lebens als Typ wohl am meisten gehaßt hat. Nach den 21 Zeilen des o. beschriebenen 1. Teils wird der deutlich unterschiedene 2. Teil des Gedichts mit einem ins Persönliche gewendeten Satz eingeleitet: „Zu mir kam auch der Mai.“ Durch das Bekenntnis

---

51) Höllerer, Walter: „Zwischen Klassik und Romantik“, Klett Verl. Stuttgart 1958, S. 82

des Dichters: „Ich habe dich (Frühling) durchschaut, ich hab durchschaut den Bau der Welt“ wird der Abgrund zwischen dem schönen Schein und der eigentlichen Wahrheit alles Seienden aufgedeckt: die „blumreiche grüne Erde“ — „ein Tollhaus oder ein Krankenhaus“, das entzauberte Bild der geputzten Menschen, durch deren „Lippen“ „gelbe Würmer kriechen“, — wir sehen, an grellen Kontrastbildern wird nicht gespart, um den Erkenntnisekel zu evozieren, den diese Bilder erregen. Die häufige Wiederholung des „Ich seh“ intensiviert die Erkenntnis des Grauens, die — im Vergleich zu dem genießenden Philister — dem leidenden Dichter auferlegt ist. Am Schluß wird das Gedicht ins Mythische gesteigert, wie der Titel verheißt. In der Vorstellung des „bleichen Gott(es)“, der sich die Krone vom Haupt reißt und das Haar zerrauft, wird die göttliche Weltordnung ad absurdum geführt und ein vorweltliches Chaos an der Stelle gesehen und dargestellt: „Die Säulen brechen, Erd' und Himmel stürzen/ Zusammen, und es herrscht die Nacht.“ —

Das Gedicht gestaltet — wie wir gesehen haben — das Thema des Erkenntnisekels; es ist bei Heine ein durchgehendes Motiv seiner gesamten Dichtung. Der mottohafte Vers: „Ich seh hindurch und seh das Grausen“ findet sich, vielfach variiert, in Heines gesamter Dichtung, in der Gedichtgruppe „Die Heimkehr“ erscheint er besonders eindringlich in dem Gedicht „Ich grolle nicht“, wo es heißt:

„Das weiß ich längst. Ich sah dich ja im Traum,
Und sah die Nacht in deines Herzens Raum,
Und sah die Schlang', die dir am Herzen frißt.“ ...

Auch hier in grellen Bildern, in wenig differenzierten, gängigen Metaphern (Schlange) derselbe Erkenntnisekel, wobei es in der Frage des Artistischen nicht zur Debatte steht, ob er immer echt oder gelegentlich gespielt ist. Heinz Wetzel hat in seiner Untersuchung „Erkenntnisekel. Motivkorrespondenzen zwischen Heines

„Götterdämmerung“ und Thomas Manns „Tonio Kröger“[52] einen Zusammenhang zwischen beiden Texten herausgearbeitet. Da uns die Parallele in ihrer Schlußfolgerung nicht einleuchtet, vermerken wir an dieser Stelle einige kritische Einwendungen. —

Ausgangspunkt für einen solchen Zusammenhang sieht Wetzel in der von Thomas Mann selbst bezeugten Vertrautheit mit Heines Werk, zugleich weist er auf Details hin, die der Erzähler des 20. Jahrhunderts analog zu Heines „Wintermärchen“ in seine Novelle „Tonio Kröger“ übernommen habe. Soweit einleuchtend, wird es allerdings bedenklich, wenn Wetzel von der Affinität der zentralen Problematik in „Götterdämmerung“ und „Tonio Kröger“ spricht: „Aber in seinem ersten Teil ist gerade dieses Gedicht („Götterdämmerung“) dem „Tonio Kröger“ so verwandt wie kein anderes, weil hier die Affinität in der zentralen Problematik beider Dichtungen auch in deutlichen Motivparallelen sichtbar wird.“[53]

Wir räumen ein, daß partiell übereinstimmende Einzelheiten in der Mo tivik beider Dichtungen vorhanden sein mögen: von „Erkenntnisekel“ ist auch in dem Mittelpunktsgespräch der Novelle zwischen dem Dichter und der Malerin die Rede, der Ausdruck von der „abscheulichen Erfindung des Seins“ (s. „Tonio Kröger“) könnte von Heine stammen, aber auch von Maupassant z. B., da eine solche Aussage keineswegs originell ist. Bei Thomas Man heißt es an der bezeichneten Stelle im Gespräch zwischen Lisaweta und Tonio: „Es gibt etwas, was ich Erkenntnisekel“ nenne“ ... „Der Zustand, in dem es genügt, eine Sache zu durchschauen, um sich bereits zum Sterben angewidert (...) zu fühlen.“ Dies ist zweifellos ähnlich in Heines „Götterdämmerung“ („Ich sehe...“ s. o.) — Zweifelhaft jedoch er-

---

52) vgl. Wetzel, Heinz: Erkenntnisekel. Heine-Jahrbuch 81, S. 162—169

53) Ebd, S. 164

scheint uns die vom Verfasser gesehene enge Korrespondenz in der eigentlichen Problematik der Novelle und des Gedichts. Wenn es auch richtig ist, daß der Konflikt und Gegensatz zwischen der schönen Erscheinung des Frühlings und einer Kunst, die darauf gerichtet ist, die Wirklichkeit hinter dem Schein aufzuspüren, in beiden Werken ähnlich ist, so geht es Thomas Mann in seiner Novelle letztlich um einen anderen weiterführenden Aspekt. Bei dem Erkenntnisekel dessen, der die Dinge durchschaut, bleibt Mann nicht stehen. Was bei Heine Abscheu und Widerwillen erregt: das „blöde" Kleinstadtvolk, das er im ersten Teil der „Götterdämmerung" mit verächtlichem Hohn banalisiert (s. Beispiel o!), wird — in Thomas Manns Gestalten der „Blonden und Blauäugigen" — mit sehnsüchtiger, ein wenig ironisierender Liebe dargestellt. Bei allem Eingeständnis der Trivialität, die in dem Ausdruck „Wonnen der Gewöhnlichkeit" eingefangen ist, wird gerade dadurch herausgestellt, daß Tonio zwischen Erkenntnisqual und Liebe zum naiven Sein seine Position hat. Das wird im Geschehen des ersten wie des letzten Teils der Novelle in aller Deutlichkeit betont. Von diesem Zentralaspekt findet sich im 1. Teil der „Götterdämmerung" nicht der geringste Anklang. An keiner Stelle des Gedichtes wird das „Gewöhnliche" mit den Farben der Liebe gezeichnet, nicht einmal in der „diskreten Ironie",[54] wie der Verfasser wahr haben will, sondern — wie die Bilder zeigen — mit Hohn und Verachtung. Wie Wetzel dazu kommen kann, — bei einer so offensichtlichen Differenz der Tonart — die Darstellung der dänischen Kleinbürger im Ausflugsort Aalsgaard am Ende der Novelle mit der klischeehaften Philisterverhöhnung in der „Götterdämmerung" zu vergleichen („ein ganz ähnliches Bild bietet die Ausflugsgesellschaft" S. 165) — ist nicht einzusehen. Wir halten einen solchen Vergleich für konstruiert. —

54) vgl. Wetzel, a. a. O. S. 165

Die Nordsee (1825—26)

I. und II. Zyklus

Im Rahmen des „Buches der Lieder" nehmen die 20 „Nordseegedichte" eine besondere Stelle ein; ein neues Versmaß und die besonders betonte mythologische Motivik sind charakteristisch für diese Gedichtsgruppe. Heine selbst hat in einem Brief an Moser (19.12.1825) auf eine gewisse Veränderung seines Stils hingewiesen: „Ich bin also doch nicht auf eine bloß lyrisch maliziöse zweistrophige Manier beschränkt." Auch über zeitgenössische literarische Anregungen zu diesen in freien Rhythmen gestalteten Gedichten gab er Auskunft: „Tieck und Robert haben die Form dieser Gedichte wenn nicht geschaffen, doch wenigstens bekannter gemacht, aber ihr Inhalt gehört zu dem Eigenthümlichsten, was ich geschrieben habe." (ebd.) Er deutet in dieser Äußerung an, daß bei aller Anknüpfung an die Reisegedichte von Tieck und Robert sein eigener Weg über diese Vorbilder hinausgeführt habe. In der Tat hält er sich nicht bei bloßen Reise-Impressionen auf: das Thema des Meeres verbindet sich mit der Seelenlage des Beschauers, der freie Rhythmus wird dynamischer und im Ton beweglicher, — Elemente der Sprache Klopstocks und Goethes könnten hier Vorbild gewesen sein. — Zum Metrum ist zu sagen, daß in Heines Nordsee-Zyklen im allgemeine der Viertakter vorherrscht (Strophenform: reguläre 4-Zeiler aus reimlosen Trochäen).

Wir wissen, daß Heine während seines Ferienaufenhaltes auf Norderney Homer gelesen hat; Lydia Baer[55] hat nachgewiesen, daß sich in Motivik, Sprache und Versbau in Heines Nordsee-Gedichten Anklänge an Homer finden lassen. Am auffälligsten sei das beim Gebrauch des Beiworts (z.B. olymposerschütternd). Auch fühle

---

55) Baer, Lydia: Anklänge an Homer (nach Voß) in der Nordsee Heinrich Heines, JEGP 29 (1930) S. 1—17

man sich stellenweise an Vossens Homerische Verse erinnert, da gelegentlich Hexameter auftauchen. — In Heines gesamtem Werk läßt sich die Neigung erkennen, mythologische Motive zu verwenden. Dies ist ein Thema, das in der Klassik und Romantik häufig auftaucht. Die Auseinandersetzung mit der Gedankenwelt der Antike war ein Problem der Zeit; in Schillers Gedicht „Die Götter Griechenlands" erreicht sie ihren Höhepunkt. Aus der Distanz der Erinnerung beschwört die Phantasie des Dichters eine göttlich beseelte Welt und beklagt in der Konfrontation von Antike und Christentum die entmythologisierte Natur durch die monotheistische Religion (*„Einen* zu bereichern unter allen").
Schillerisch ist am Ende die heroische Resignation des Dichters, dem die Aufgabe zufällt, das verlorene goldene Zeitalter erinnernd zu beschwören:

„Was unsterblich im Gesang soll leben,
Muß im Leben untergehn." —

Heines Version des gleichen Themas übernimmt wörtlich den Ti tel Schillers. In der Übernahme vorgefundener Wendungen ist er nie bedenklich. Auch sind Themen und Motivik im Ansatz der Schillerschen Version ähnlich, indem Antike und Christentum gegeneinander ausgespielt werden. Aber wie schlecht auch die christlichen Götter bei ihm wegkommen:

„Und wenn ich bedenke, wie feig und windig
Die Götter sind, die euch besiegten,
Die neuen, herrschenden, tristen Götter, ..."

so entgehen auch die Himmlischen der Antike nicht dem beißenden Spott der satirischen Polemik Heines. Bei ihm erscheinen sie nicht „als schöne Wesen aus dem Fabelland" (Schiller), sondern sind „verdrängt und verstorben" und haben nur noch die Leblosigkeit von Gespenstern, die Mitleid, ja sogar Grauen erregen. Dennoch kommen diese besiegten Götter aus ihrer sinnenfrohen fernen Vergangenheit bei Heine noch besser weg als das — aus seiner Sicht — heuchlerisch-asketische Christentum, das das Glücksverlangen des Menschen verteufelt. Dies ist der Sinn der lyrischen Schlußstrophe, die dem herablassenden Bekenntnis des Dichters für die alten Götter folgt:

„Also sprach ich, und sichtbar erröteten
Droben die blassen Wolkengestalten,
Und schauen sich an wie Sterbende,
Schmerzverklärt, und schwanden plötzlich.
Der Mond verbarg sich eben
Hinter Gewölk, das dunkler heranzog;
Hoch aufrauschte das Meer,
Und siegreich traten hervor am Himmel
Die ewigen Sterne."

Das Verhältnis von Mythologie und Naturbild in diesem Gedicht ist für die gesamten Zyklen der „Nordseebilder" charkteristisch. Heine zeigt — durch sein ganzes Werk hindurch — eine besondere Neigung, auf mythologische Überlieferungen zurückzugreifen, was im übrigen in seiner Zeit durchaus populär ist. Aber für Heine vermitteln diese mythologischen Bilder die Möglichkeit, seine Gedanken geistreich einzukleiden; es geht ihm nicht so sehr um den Gegenstand an sich. Das ist im o. betrachteten Text sehr deutlich der Fall. Daneben dient das Naturbild (Motiv des Meeres) in der ersten und letzten Strophe lediglich als Stimmungskulisse für die zentrale Thematik des Gedichts. Zu Beginn wird der „Natureingang" dazu verwendet, die Antike durch den Vergleich der Wolken mit Götterbildern einzuführen. —

Über die Bedeutung der „Natur" in diesen mit Mythologie und Reflexion überfrachteten „Nordseebildern" gehen die Meinungen auseinander. Im Jahre 1826 schrieb ein enthusiastischer Rezensent, Heinrich Hermann, am 30. Juni im „Gesellschafter": „Welche Naturschilderungen in wenigen, aber markigen, für immer bezeichnenden Worten!... Hier zeigt der Dichter seine echte Verbindung mit dem Ursprünglichen, der Natur sowohl des Geistes; ... .[56] Ein Anflug solcher emphatischen Überbewertung der Nordseebilder gegenüber den anderen Zyklen des „Buches der Lieder“ findet sich gelegentlich in modernen Interpretationen, wo von einer Wiedergabe der Ursprünglichkeit des Meeres“ ... „die Rede ist (Storz) oder gar von der „Höhe der Gipfelleistungen“[57] gesprochen wird, zu denen das zweite Gedicht des Zyklus „Abenddämmerung“ gerechnet wird. — Superlative dieser Art erscheinen uns nicht einleuchtend. Unwidersprochen ist, daß Heine das Motiv des Meeres zum erstenmal in der Literatur so beherrschend in die deutsche Lyrik hineingenommen hat. Er hat das in Briefen auf die ihm eigene subjektiv-preziöse Art zum Ausdruck gemacht: „Mit meiner Gesundheit geht es immer besser. Zu ihrer völligen Wiederherstellung brauche ich das hiesige Seebad (Norderney) und schwimme wieder auf den Wellen der Nordsee, die mir jetzt sehr gewogen ist, weil sie weiß, daß ich sie besinge. Das Meer ist ein braves Element. ...“ (1826, 29. Juli an Varnhagen v. Ense). — Jedoch nehmen die Schilderungen des Meeres und seiner vielfältigen Erscheinungsformen in den Nordseegedichten gegenüber den Gedanken, den Träumen und Sehnsüchten, der Klage und dem Spott — von dem mythologischen Bildern noch abgesehen — einen relativ geringen Raum ein. Meer ist — wie allgemein bei Heines Naturbildern — Szenerie, stimmungsmäßige Umrahmung poetischer Träume, Anknüpfung an Sagen von im Meer versunkenen Städten, wie sie sich auch in dem Wilhelm-Müller-Zyklus „Muscheln von der Insel Rügen“ finden, dessen dritte Strophe Heine in „Nordsee“. Dritte Abteilung zitiert.[58] Zudem sind die Gedichte mit Re-

---

56) zit. in Heine, Werke, Hrsg. v. Stuart Atkins, Bd. I, S. 795 (Kommentar)

57) vgl. Jaspersen, U.: „Abenddämmerung“ In: Die dt. lyrik (Hrsg. B. v. Wiese, S. 136

58) zit. nach Heine-Werke 1, Kommentar S. 803, hrsg. von Stuart Atkins C.H. Beck München 1973

flexionen überfrachtet; sie gehören kaum zu den gelungensten Gedichten Heines, was auch David anmerkt: „In diesen Scheinhymnen nimmt die Poesie des Meeres in Wirklichkeit nur wenig Raum ein.“[59] Ähnlich äußert sich Kommerell. Er spricht bei Heine ganz allgemein von „Naturlosigkeit seiner oft sehr naturgetreuen Sinnbilder“, zugleich erscheinen ihm die „Nordseebilder“ nicht als Ausdruck eines „rhythmischen Urgeist(es)“. Seine Verse haben die glatte Geläufigkeit, bei der man das Richtigsein und Stimmen, den genauen Einsatz der Betonung fast störend empfindet.“[60]

II. Lyrische Dichtung der späteren Zeit

Neue Gedichte

Die Sammlung „Neue Gedichte“ erschien 1844 bei Hoffmann und Campe. Das Versepos „Deutschland. Ein Wintermärchen“, in der 1. Auflage noch in die Sammlung aufgenommen, wurde später in der 3. Auflage weggelassen. Entgegen Heines eigenen Befürchtungen, die er seinem Verleger mitteilte, wurden die „Neuen Gedichte“ schnell populär, so heftige Angriffe dagegen gelegentlich auch auftraten. Am 19. Oktober 1844 schreibt August Varnhagen an Heine: „Ihre neuen Gedichte machen das größte Aufsehen; mit dem Schrei des Entsetzens wetteifert der Schrei der Bewunderung; alle Stimmen vereinigen sich, die volle Macht der Poesie, das hohe Walten des Genius anzuerkennen ...“. —

Auch diese emphatische zeitgenössische Rezeption läßt schon die Unterschiedlichkeit in der Bewertung der Gedichte deutlich erkennen. Während die ältere Kritik Heines „Neue Gedichte“ insgesamt mehr negativ als positiv bewertet hat — wobei besonders am „Zynismus“ und an der „Vulgarität“ des Zyklus „Ver-

---

59) David, Claude: Gesch. d. dt. Lit. a.a.O. S. 110

60) vgl. Kommerell, Max: d. Volkslied u. d. dt. Lied. a.a.O. S. 44

schiedene" Anstoß genommen wurde — sah man in späterer Sicht hier eine modern wirkende Lyrik, die Heine als Vorläufer Brechts auswies. —[61]

Obgleich diese Sammlung auch zyklisch angeordnet und in Gruppen aufgeteilt ist — 1) Neuer Frühling 2) Verschiedene 3) Romanzen 4) Zeitgeschichte — so fehlt es ihr, im Gegensatz zum „Buch der Lieder" und zum späteren „Romanzero", an festerer Verbindung und Geschlossenheit. —

Im Vordergrund der Beurteilung dieser Gedichte steht die Frage, ob diese neue Lyrik sich grundsätzlich von der bisherigen Lyrik Heines unterscheidet. Die Antwort in der Forschung ist unterschiedlich. Laura Hofrichter z. B. behauptet, daß diese Gedichte sich grundlegend von den früheren unterschieden. Sie sieht darin mehr Welt = als Ichbezogenheit und stellt fest, daß die individuell-persönliche Eigenart des Dichters in diesen Versen viel freier und stärker hervortrete.[62] Die hier gegebene Argumentation erscheint nicht einleuchtend. Was die „Zeitgeschichte" betrifft, so sind die Motive, die darin behandelt sind, von denen des „Buches der Lieder" sicherlich unterschieden. Dennoch bleibt in der gesamten Gedichtgruppe die Manier des Sprechens, sind Töne und Modulationen, Versart und Strophenform nur einem geringen Wechsel unterworfen. L. Hofrichters pauschalierender Satz: „Erst 1840 fand er (Heine) sich als Lyriker"[63] ist eine Behauptung, der andere Behauptungen entgegenstehen. Wir zitieren hier Sieburg, der daraufhin weist, daß Heines Gedichte eine Art „Austauschbarkeit" (Der Einfluß von K. Kraus ist hier nicht zu übersehen!) besäßen: „... besonders die „Neuen Gedichte" pflegen den erfolgreichen Ton aus

---

61) vgl. Heine Werke, hrsg. von Stuart Atkins, Kommentar zu Bd. 2, S. 1107

62) vgl. Hofrichter, Laura: H. Heine. Biogr. s. Dichtung, Göttingen 1966, S. 136

63) ebd. S. 136

dem „Buch der Lieder" mit oft nur geringen Varianten."[64] Dies trifft besonders für die erste Liedergruppe dieser Sammlung zu. Eine ähnliche Meinung vertritt Windfuhr: „Der Zyklus, ... schlägt keine neuen Ton an, ja geht in manchem hinter die besseren Gedichte des „Buchs der Lieder" zurück."[65] Das spricht jedoch nicht gegen den künstlerischen Wert einiger Lieder des Zyklus; es wurde ja schon an anderer Stelle der Arbeit auf die auffallende Unterschiedlichkeit der Produktionen hingewiesen. —

Das vielleicht bekannteste Gedicht aus dem Zyklus „Neuer Frühling", das zugleich als Beispiel gelten kann, wie wenig die Tonart Heines sich in ihrer lyrischen Verfahrensweise grundsätzlich geändert hat, ist der 6. Titel:

„Leise zieht durch mein Gemüt
Liebliches Geläute.
Klinge, kleines Frühlingslied,
Kling hinaus in Weite.

Kling hinaus, bis an das Haus,
Wo die Blumen sprießen.
Wenn du eine Rose schaust,
Sag ich laß sie grüßen."

Es ist ein Lieblingsgedicht der volkstümlichen Anthologien um die Jahrhundertwende, wie überhaupt Heine darin den Vorrang hat, nur noch von Goethe und Geibel übertroffen. Man hat bei diesem Gedicht Anlehnung an das bekannte Volkslied aus „des Knaben Wunderhorn" festgestellt:

---

64) Sieburg, F.: Nicht ohne Liebe. Profile d. Weltlit. Stuttg. 1967, S. 56

65) Windfuhr, Manfred:H. Heine, Heine u. d. Petrarkismus. In: Jahrb. d. dt. Schillerges. 1966, S. 202

„Wenn Du zu mei'm Schätzel kommst,
Sag: ich ließ sie grüßen;
Wenn sie fraget, wie mir's geht,
Sag: auf beiden Füßen. ..."[66]

Aber in Heines sentimentalischen Versen findet sich weder die Handfestigkeit der Bilder noch die leicht humorvolle Wendung des Volkslieds. Die 1. Strophe gibt ein Stimmungsbild des Frühlings, — wiederum ein „Lied im Liede", wie es bei Heine so beliebt ist. Die Anfangsstrophe bleibt ganz allgemein, ohne Orientierung auf einen bestimmten Gegenstand. Die 2. Strophe wird dann gegenständlicher: das Haus deutet den Umkreis persönlich-menschlichen Lebens an. Dennoch läßt Heine am Schluß — im Rahmen des Liebesmotivs — die Geliebte im Bild der Rose nur angedeutet und verhüllt erscheinen. Motiv des Verliebtseins also wie eh und je, dargestellt in der empfindsamen Manier, wie es das Bürgertum seiner Zeit und lange danach liebte. —

Zu dem Gedichtkreis „Verschiedene" gehören die Lieder auf die Pariser Schönen der Boulevards; man hat dem Autor den hier praktizierten lockeren und frivolen Ton als anstößig und verwerflich verdacht. Französische Vorbilder, wie z. B. vergleichbare Chansons des Franzosen Béranger mögen hier Einfluß ausgeübt haben. Typisch für Heine ist die offene Bejahung eines Sensualismus saint-simonistischer Prägung, wie sie schon im „Buch der Lieder" In dem Gedicht „Götterdämmerung" zum Ausdruck kam.

Der gleiche Gedankengang findet sich in Heines berühmter und bekannter „Tannhäuser-Version", von der eine Beeinflussung Wagners angenommen werden kann. —

Heine veröffentlichte 1837, am Ende seiner „Elementargeister" im 1. Band des „Salon" eine eigene,

---

66) Aus „Des Knaben Wunderhorn" Max Hesses Verlag Leipzig 1906, S. 153

moderne, für ihn typisch satirische Bearbeitung des Tannhäuserliedes, die 1844 unter dem Titel „Der Tannhäuser". Eine Legende. in leichter Änderung in die Sammlung „Neue Gedichte" (unter „Verschiedene") wieder aufgenommen wurde. Heine äußert sich schon 1824 über die Faszination, die die Mythe vom Tannhäuser auf ihn in ganz persönlicher Weise ausgeübt hat: „Ja, die Gesundheit regt sich, und mit ihr der alte Mut. Ich bin der alte Tannhäuser noch, und mit geheimnisvoller Melodie lockt es mich wieder nach dem wohlbekannten Venusberge." (29. Februar 1824 an Rudolf Christiani) Auch in einem Gespräch vom März 1835 taucht die Wiederholung des Selbstvergleiches mit der Tannhäusergestalt auf.[67]

Schon bei der Betrachtung der „Götter Griechenlands" wurde auf die für Heine charakteristische Beziehung zur Mythenwelt hingewiesen. Es wurde deutlich, daß sie ihn nicht als Gegenstand an sich aus gelehrtem Interesse anzog, auch letztlich nicht in der Absicht, zur Unterhaltung der Leser beizutragen, obwohl auch das nicht ganz auszuklammern ist. Vordringlich überarbeitet und glossiert er die Welt der Mythen mit der bestimmten Intention, in dem verwandelten, ja gebrochenen Weiterwirken der griechischen Götter den Abstieg deutlich zu machen, den nach seiner Meinung allein die sinnenfeindliche Haltung des Christentums verursacht hat. — Heines Version der Tannhäuser-Legende folgt passagenweise bis zur Übereinstimmung äußerer Details dem „Lied vom Tannhäuser" in „Des Knaben Wunderhorn". Auch die von ihm benutzte Balladenstrophe steht der gängigen Volkliedstrophe nahe, ebenso die Archaik des Ausdrucks. In der Annäherung an die Diktion des Originals geht es bis zur wörtlichen Übereinstimmung:

---

67) Houben, Heinrich, Hrsg.: Gespräch mit Heine, Frankfurt a. M. 1926, 2. Aufl. 1948 (Nr. 281)

„Nun laßt uns in die Kammer gehn,
Und spielen der heimlichen Minnen.“ (Volkslied)

„Komm, laß uns in die Kammer gehn,
Und spielen der heimlichen Minne.“ (Heine)

Ein großer Unterschied besteht im Umfang beider Versionen: Das Volkslied hat 26 Strophen, während Heines Fassung zu 57 Stophen angewachsen ist. Erstere ist deutlich in mehrere Teile gegliedert: Nach der zweistrophigen epischen Einleitung, in der ohne Kommentar berichtet wird, daß der Ritter in den Berg zu Frau Venus zieht, folgt das Zwiegespräch zwischen beiden, woraus hervorgeht, daß Tannhäuser von Venus scheiden muß. Faktisch das Gleiche wird bei Heine in den beiden ersten Strophen mitgeteilt, nur findet sich bei ihm über den bloßen Sachverhalt hinaus eine Art moralischer Warnung an die Christen:

„Ihr guten Christen laßt euch nicht
Von Satans List umgarnen!
Ich sing euch das Tannhäuserlied
Um eure Seelen zu warnen.“

Es folgt dann ein ähnlicher Dialog wie im Volkslied, nur steht statt Furcht vor Höllenglut der Überdruß am Sinnengenuß im Vordergrund:

„Frau Venus, meine schöne Frau,
Von süßem Wein und Küssen
Ist meine Seele worden krank;
Ich schmachte nach Bitternissen.“

In beiden Fassungen folgt dann der Bericht über Tannhäusers Reise nach Rom. Hier ist das Volkslied sehr viel lakonischer: in sechs Strophen werden Ankunft und kurzes Gespräch zwischen Papst und Tannhäuser dargestellt. Im Mittelpunkt steht der Spruch des Papstes: Dem Tannhäuser kann sein Umgang mit Frau Venus nur verziehen werden, wenn der weiße Stab Blätter tragen wird. In dem entsprechenden Teil der Heine-Version geht es anders zu: man merkt, daß es hier weniger um Tannhäuser als um Frau Venus geht. Ganze elf Strophen sind dem Preislied ihrer verführerischen Schönheit gewidmet, das der Ritter vor dem Papst anstimmt. In der Volksballade wie bei Heine ist es ein Unglücklicher, der an seiner Beziehung zu Frau Venus leidet, — dennoch ist hier die Übereinstimmung des Heine-Textes mit der Volksballade vage. Wer so wie Tannhäuser in dem modernen Gedicht die Glorie und Macht der Frau Venus ausmalt, ist ihr geheimer Anwalt:

„Sie lacht so gesund, so glücklich, so toll,
Und mit so weißen Zähnen!...“

Diesem Bekenntnis zur Sinneslust im Symbol der Venusgestalt wiederspricht in Heinischer Konzeption auch nicht der gelegentliche Überdruß am Genuß, — diese Ambivalenz kennzeichnet das Denken des Dichters. — Die „Emanzipation des Fleisches“ war eine der Parolen des „Jungen Deutschland“; bei Heine allein fand sie dichterische Verwirklichung als eines seiner Hauptthemen. Der Papst der Heinischen Fassung kann die Heidengöttin nur als Teufelin sehen, der er ohnmächtig gegenübersteht:

„Der Papst hub jammernd die Händ' empor,
Hub jammernd an zu sprechen:
Tannhäuser, unglücksel'ger Mann,
Der Zauber ist nicht zu brechen.

Der Teufel, den man Venus nennt,
Er ist der schlimmste von allen;
Erretten kann ich dich nimmermehr
Aus seinen schönen Krallen.

Mit deiner Seele muß du jetzt
Des Fleisches Lust bezahlen,
du bist verworfen, du bist verdammt
Zu ewigen Höllenqualen.“

Die ironische Wendung im 3. Teil der Tannhäuser-Legende, die der Ritter gebraucht, als er in den

Venusberg zurückkehrt: „Der Papst er läßt dich grüßen", ist in der Volksballade nicht vorstellbar. Aus diesem Satz ist es leicht zu folgern, daß auch der Papst — im Verborgenen — die Faszination der Venus empfunden hat. Heine erlaubt sich hier diesen blasphemischen Spaß, — ähnlich wie er bei der Rückkehr zur Venus die Heidengöttin domestiziert:

„Frau Venus in die Küche ging,
Um ihm eine Suppe zu kochen." —

In der Volksballade endet der Text mit einer Warnung an die Priester, und zwar mit Rückblick auf die Voreiligkeit des Papstes, der dem reumütigen Tannhäuser erst dann vergeben hat, als der weiße Stab zu grünen anfing, wodurch er die Rückkehr des Ritters zur Venus verursachte:

„Das soll nimmer kein Priester tun,
Dem Menschen Mißtrost geben,
Will er denn Buß' und Reu' empfahn,
Die Sünde sei ihm vergeben."

In beiden Versionen endet die Geschichte des Tannhäuser mit seiner Rückkehr in den Venusberg. Unabhängig von der Handlung aber, ja ohne einen eigentlichen Zusammenhang hat Heine einen epischen Teil eingebaut, eine Art politischen Reiseberichts, den Tannhäuser nach seiner Rückkehr der Frau Venus mitteilt. Dieser Bericht besteht aus fünfzehn Strophen. Hier zeigt sich ganz offen die vorher verborgene Beziehung zum zeitgenössischen Geschehen; Heine glossiert — in dem „Reisebericht des Tannhäuser — öffentliche Erscheinungen seiner Zeit: Man kann von einer satirischen Revue sprechen, wie sie ähnlich in Heines „Wintermärchen" durchgeführt wird: nach dem Betreten des deutschen Landes wird einer Stadt nach der andern eine Strophe satirischer Ausfälle gegen jeweilige Zustände an den einzelnen Stationen gewidmet, z.B.

„Zu Weimar, dem Musenwitwensitz,
Da hört ich viel Klagen erheben,
Man weinte und jammerte: Goethe sei tot
Und Eckermann sei noch am Leben!"

Heines beliebtes und leicht abgenutztes Motiv von dem schlafenden Deutschland, — hier glossiert „Da hört ich Deutschland schnarchen", — leitet die Satire ein. Wir erkennen deutlich, daß Tannhäuser sich unversehens in den Dichter selbst verwandelt hat, dessen Interesse — im Zuge der literarischen Strömungen seiner Epoche — nun entschieden zeitkritischen Themen gilt, wie es sich in dem 4. Zyklus der Sammlung „Zeitgedichte" manifestiert hat. —

Die *„Zeitgedichte"* sind zweifellos von der Thematik her die bedeutsamste Gruppe der „Neuen Gedichte". Begriff und Terminus „Zeitgedicht" waren zu Heines Zeit nicht neu. Wilke[67] spricht in diesem Zusammenhang von „einem epochaltypischen literarischen Phänomen" der 1. Hälfte des 19. Jahrhunderts und weist auf seine Entstehung im 18. Jahrhundert bei Gleim hin, der den Begriff recht eigentlich geprägt hat. In der Zeit, des „Jungen Deutschland" und des „Vormärz" verstand man darunter allgemein eine programmatische Lyrik mit sozialen und politischen Themen. Dabei bedeutet der Begriff „Zeit" den eigentlichen Programmpunkt, wie Gutzkow es definiert: „Ich glaube an die Zeit". Die Zeit: das heißt die eigene Zeit, die eigene Gegenwart, der eigene Augenblick... ."[68] Das ist zweifellos gegenüber der Klassik polemisch gemeint: Ziel dieser gesellschaftskritischen Lyrik war es, die politischen Ereignisse der Gegenwart ins Auge zu fassen und somit die Dichtung als Kampfmittel für die Veränderung ein-

67) vgl. Wilke, Jürgen: Das Zeitgedicht. Seine Herkunft u. frühe Ausbildung. Hamburg 1972, S. 60

68) Gutzkow, zit. in Heine. Werke, hrsg. von Stuart Atkins, Bd. II Kommentar, S. 1136

zusetzen. Wesentliche Themen waren innenpolitische Ziele des Liberalismus, wie z. B. Pressefreiheit, Einlösung des Verfassungsversprechens, was die Ablehnung des restaurativen Obrigkeitsstaates in seinen gegenwärtigen Formen bedeutete. Man benutzte in diesen Kreisen die Literatur zu parteilichen Zwecken: zur Vermittlung politischer Programme und zur Entfesselung politischer Emotionen. Bei Herwegh und Freiligrath z. B. findet sich der direkte Aufruf zur sozialen Umwälzung. —

Die bevorzugten Formen dieser sozialkritischen Lyrik der Jungdeutschen und des literarischen Vormärz sind in Wortschatz, Struktur und Motivik häufig pathetisch-hymnisch, — sie knüpfen bis zu einem gewissen Grade an den lyrischen Ton der Befreiungskriege an (Th. Körner, E. M. Arndt). Diese Lyrik, von wenigen Ausnahmen abgesehen, bewegt sich durchaus auf epigonalen Bahnen. Jedoch tut das ihrer Massenwirkung in jener Zeit politischer Unruhen keinen Abbruch; sie ist ein Faktor von besonderer Bedeutung in den politischen Strömungen der 40er Jahre. —

Heine hatte für solche zeitgeschichtlichen Phänomene einen sehr entwickelten Sinn. Einmal wünschte er den kommerziellen Erfolg seiner Produktionen, zum andern sah er in der Gattung der politischen Lyrik eine willkommene Möglichkeit, eigene Konzeptionen zu den gesellschaftlichen und politischen Gegebenheiten des Tages zum Ausdruck zu bringen. Aber weit davon entfernt, in den epogonalen Ton einzustimmen oder sich gar mit parteipolitischen Programmen einzulassen, griff er zwar Kategorie und Terminus des Zeitgedichts auf, machte es aber zum Instrument seiner besonderen Absicht: zu zeigen, wie politische Dichtung eigentlich beschaffen sein müsse. Damit trat er nicht allein in Gegnerschaft zu der populären Tendenzpoesie der Jungdeutschen, er machte diese Gegnerschaft sogar zum Zentralthema seiner Zeitgedichte. Auch hier wird wiederum klar, nach welchem Bewertungsmaßstab Heines Lyrik in all ihren Entwicklungsstadien zu beurteilen ist: der ästhetische Gesichtspunkt bleibt trotz der deutlicheren Hinwendung zu zeitkritischen Inhalten für diesen Autor immer vordringlich. Wer seine Gedichte als Belege für politische Konzeptionen betrachtet, geht an seiner dichterische Intention vorbei. Auch hier ist Heine — wenn auch mit Akzentverschiebungen im Vergleich zu seiner Frühzeit — Lyriker zwischen Ästhetik und Engagement. —

Die mit dem Titel „Zeitgedichte" überschriebenen Verse bilden eine Gruppe von 24 Gedichten innerhalb der 1844 bei Hoffmann und Campe erschienenen Sammlung „Neue Gedichte". Vier davon: „Doktrin", „Georg Herwegh", „Der Kaiser von China" und „Wartet nur" sind 1844 auch im „Vorwärts" erschienen. Aber außer diesen gibt es bei Heine zahlreiche Gedichte, die dem o. explizierten „Zeitgedicht" nahekommen, vor allem im „Romanzero" und in den „Späten Gedichten" (siehe auch: „Nachlese"). Soweit sie charakteristische Beispiele für diesen Gedichttyp bringen, werden sie in die Textbetrachtung der betitelten „Zeitgedichte" mit einbezogen. Das betrifft vor allem „Die Wanderratten" und „Die schlesischen Weber". —

Es ist bemerkenswert, daß alle politischen Gedichte oder solche, die sich mit Zeitereignissen gesellschaftlicher und sozialer Natur befassen, im freiwilligen Exil, in Paris geschrieben worden sind. Das mag verschiedene Gründe haben: einmal bot man ihm dort die Gelegenheit dazu, zum andern schärfte der Abstand seinen Blick für die Verhältnisse in Deutschland, — auch konnte er freier sprechen, ohne die Zensur zu fürchten.

Zentrales Thema dieser Gedichtgruppe ist die kritische Abrechnung mit den Machtpositionen der Zeit: das umfaßt Personalsatire ebenso wie Ablehnung aller Stützen des feudalistischen Systems. Zugleich findet sich in diesen Gedichten Verhöhnung des Philistertums in allen Formen und der Kampf gegen das übersteigerte Freiheitspathos der sogenannten „Tendenzpoesie". — Der diesen Gedichten gemeinsame Ton ist bitter und ironisch-gebrochen, nicht neu bei Heine, aber hier doch intensiviert. Eine sozial-politische Einheitlichkeit ist nicht unbedingt festzulegen: der Kampf gegen das Feudalsystem schließt die Warnung nicht aus, daß das Volk „lange Ohren" habe. —

Der Zyklus wird durch das dreistrophige Gedicht *„Doktrin"* eingeleitet; es ist als Prolog für die Zeitgedichte aufzufassen. Im Rahmen des Angriffs auf den gegenwärtigen Gesellschaftszustand geht die Polemik hier gegen die rein theoretische Buchgelehrsamkeit (Doktrin). Am Schluß von Heines Schrift „Zur Geschichte der Religion und Philosophie in Deutschland" warnt Heine in diesem Sinne vor den Doktrinen der deutschen idealistischen Philosophie, wie es ähnlich in dem vorliegenden Gedicht geschieht. Zugleich enthalten die Verse einen deutlichen Aufruf zu politischem Handeln; der Dichter richtet ihn an sich selbst:

„Schlage die Trommel und fürchte dich nicht,
Und küsse die Marketenderin!
Das ist die ganze Wissenschaft.
Das ist der Bücher tiefster Sinn.

Trommle die Leute aus dem Schlaf,
Trommle Reveille mit Jugendkraft,
Marschiere trommelnd immer voran,
Das ist die ganze Wissenschaft.

Das ist die Hegelsche Philosophie.
Das ist der Bücher tiefster Sinn!
Ich hab sie begriffen, weil ich gescheit,
Und weil ich ein guter Tambour bin."

Die kunstlos klingenden Verse mit ihren unbedenklich angewendeten Wiederholungen sind ebenso amüsant wie tiefsinnig. Der frische, aggressive Ton, unbelastet von Sentimentalität und konstruierten Einfällen, ist typisch für Heines beste Gedichte; die leichte Manier verdunkelt den Ernst der Aussage keineswegs. Beherrschend ist das Motiv der Trommel und des Trommelschlägers; es steht hier bildlich für die Lyrik des Engagements: das Anliegen des Dichters, die Welt nicht theoretisch zu betrachten, sondern sie zu verändern. Typisch für Heine ist der saint-simonistische Gedanke des Lebensgenusses in der zweiten Strophe; der Kuß der Marketenderin nimmt dem Aufruf zur Weltverbesserung den puritanischen Ernst. Das Thema der Befreiung von den „nazarenischen Banden", die Abkehr von aller Orientierung auf das Jenseits auf Kosten irdischer Sinnenfreude findet sich in den Zeitgedichten noch an anderer Stelle:

„Erleuchtung"
Michel! fallen dir die Schuppen
Von den Augen? Merkst du itzt,
Daß man dir die besten Suppen
Vor dem Maule wegstibitzt?

Als Erstz ward dir versprochen
Reinverklärte Himmelsfreud'
Droben, wo die Engel kochen
Ohne Fleisch die Seligkeit!

Der Zusammenhang mit dem Motiv der Marketenderin oder auch mit Tannhäusers Preislied der Frau Venus zeigt sich in diesem Gedicht: Hier wird die saint-siomonistische Diesseitsfreude dem in religiöser Tyrannei dahindämmerndem Deutschland in grotesken Bildern entgegengehalten. Die Verse wirken so, wie Heine es einmal von anderen Zeitgedichten gesagt hat: „sie hüpfen mir eben so durchs Gedächtnis." Trotz des leichten Tones nimmt Heine das hier angespielte Motiv so ernst, daß es in seinem Werk immer wiederkehrt. —

Im Zusammenhang damit steht das 2. der 24 „Zeitgedichte": „Adam der Erste" Die 1. Strophe spricht von

Adams Empörung gegen einen autoritären Gott, demgegenüber der Mensch sein Emanzipationsrecht der Freiheit fordert:

„Ich will mein volles Freiheitsrecht!
find ich die g'ringste Beschränknis,
Verwandelt sich mir das Paradies
In Hölle und Gefängnis.

In der 4. Strophe wird der Glaube an einen transzendentalen Gott als Unvernunft verhöhnt. Das „Lumen mundi" (V. 4) wird als abschätzig gebrauchter Terminus statt „Lux mundi" (Matth. 5, 14) in das Gedicht eingebracht. Heines beliebter Ausgangspunkt von biblischen bzw. mythologischen Vorstellungen wird hier wiederum evident. —

Einen Schritt weiter in der Anprangerung der restriktiven Mächte seiner Zeit geht die Personalsatire, die Heines besonderes Feld war. In der Darstellung dieses Sachverhalts bedient er sich der ironischen Verschlüsselung. Dies gilt besonders für die Reihe jener Zeitgedichte, die sich mit der Person des Königs Friedrich Wilhelm IV. von Preußen befassen, z. B. *„Der Kaiser von China"* (17) Voraussetzung des Angriffs auf Friedrich Wilhelm ist — neben anderen Vorbehalten — die Verweigerung einer Verfassung, die bereits sein Vater dem Volke versprochen, dann aber nicht realisiert hatte. Niemand anders als Friedrich Wilh. IV. von Preußen (1795—1861) ist mit der Rolle des Kaisers von China gemeint. China bietet sich für die Zeitsatire deshalb an, weil es als Sinnbild eines rückgewandten, politisch unterentwickelten Landes galt. „China war eine schon in der französischen Aufklärung übliche Chiffre für die Herrschaft des Absolutismus, der Knute und der Religion; es gab also kein Mißverständnis darüber, daß der König von Preußen gemeint war"[70] Heine verspottete seine Wirklichkeitsentfremdung und Rauschphanta-

70) Kaufmann, Hans: Heinrich Heine. Weimar u. Berlin 1967, S. 223

sien, ebenso seine Rückwendung zur tyrannischen Autorität: Betrunken sieht der Kaiser von China die Zustände seines Landes in positivem Licht „Das Reich der Mitte verwandelt sich dann In einen Blumenanger" (V. 3)" Wir wollen keine Konstitution, wir wollen den Stock, den Kantschu!" (V. 8) —

Die im Text auf China bezogenen Begriffe sind zugleich durchsichtige Chiffren für preußische Verhältnisse: mit „Hofweltweiser Confusius" ist der romantische Philosoph Schelling gemeint, der 1841 an die Berliner Universität berufen wurde. Die „große Pagode" ist der Kölner Dom, der den liberalen Kreisen der Zeit als Sinnbild der Reaktion galt, — des „Geistes Bastille", wie Heine im „Wintermärchen" sagt. Mit Friedrich Wilhelms IV. Unterstützung sollte der Dom fertiggestellt werden. Der im Gedicht erwähnte „Drachenorden" weist auf den „Schwanenorden" hin, den der Preußenkönig zur Förderung christlichen Lebenswandels verliehen hat. Mit den „edelsten Mandschu" sind die königlichen Ratgeber gemeint, die Heine auf diese Weise für die Autoritätspolitik des Hofes mitverantwortlich macht. —

Heines bissige Satire gegen den gehaßten Preußenkönig wird in dem kurzen Gedicht *„Der Wechselbalg"* auf die Spitze getrieben. Der einstrophische Zwölfzeiler fällt ebenso formal aus dem Rahmen wie auch in der grotesk übersteigerten Allegorik der Bilder: die Monströsität der volkstümlich-überlieferten Wechselbalg-Figur, deren Abstammung von Unholden angenommen wurde, wird mit ekelerregenden Bildern („Spinnig langen, doch kurzen Ärmchen / Mit Riesenmagen, doch kurzen Gedärmchen"...„großem Kürbiskopf"...) veranschaulicht. Durch deutliche Anspielungen ist die Enträtselung der Allegorie naheliegend und soll es auch sein. König Friedrich Wilhelms IV. Schwanken zwischen Liberalität und Tyrannei, sein widersprüchliches Verhalten, seine Umfähigkeit, entweder das eine oder das andere zu sein, versteckt sich in der Allegorie eines Wesens zwischen Mensch und Unhold, in jener Mißgeburt, die aus Gegensätzen besteht. Unmißverständlich ruft die Schmährede am Schluß der Verse zur Vernichtung des „Unholds" auf. Nur ein außerhalb von Deutschland lebender Autor konnte eine solche kecke und gefährliche Sprache ungestraft führen. —

Schon an diesen wenigen Bespielen wird deutlich, was Heinrich Heines „Zeitgedichte" von der sogenannten politischen Tendenzpoesie des „Jungen Deutschland" und des „Vormärz" unterscheidet. Auch er will mit seinen politischen Botschaften in die Gegenwart hineinwirken, jedoch bleibt — trotz seines „Engagements" — seine Darstellungsabsicht primär ästhetischer Natur: „Ja, dieses Selbstbewußtsein der Freiheit in der Kunst offenbart sich ganz besonders durch die Behandlung, durch die Form, in keinem Falle durch den Stoff, und wir können im Gegenteil behaupten, daß die Künstler, welche die Freiheit selbst und die Befreiung zu ihrem Stoffe gewählt, gewöhnlich von beschränktem, gefesseltem Geiste, wirkliche Unfreie sind" (Lutetia IX,). Das ist zumindest Heines Intention, was ihn selbst betrifft und zugleich jene, die er als „Tendenzpoeten" aburteilt. Für Heines eigene Darstellungsform in den „Zeitgedichten" steht die für ihn charakteristische ironische Gebrochenheit des Tons; er bedient sich nicht — wie z. B. Hoffmann v. Fallersleben u. a." — des vagen, unfruchtbaren Pathos" und des nutzlosen Enthusiasmus", seine Mittel sind antithetische Zuspitzung, ironische Verkehrung und Verfremdung des dargestellten Sachverhalts. Dialoge, direkte Aufforderungen, Fragen, die den Leser zum Weiterdenken veranlassen, — das sind die Mittel, die er einsetzt. Da ihm die Sprachformen der deutschen Freiheitssänger seiner Zeit ein Dorn im Auge sind, macht er sie zum Zentralthema der Kritik in seinen „Zeitgedichten", indem er sie als „Tendenzpoesie" in scharfer Polemik anprangert. —

Was er diesen Tendenzdichtern im einzelnen vorwirft, wird an einigen exemplarischen Gedichten zu zeigen sein. —

In der 13. Nummer der „Zeitgedichte" erscheint das Problem thematisch im Titel: *„Tendenz"*. In diesen Versen wendet sich Heine gegen das Pathos und die martialisch klirrende Sprache der Freiheitssänger, deren Fanfaren ihm hohl klingen, weshalb er sie mit gleichen Mitteln ironisiert:

„Deutscher Sänger! sing und preise
Deutsche Freiheit, daß dein Lied
Unsrer Seelen sich bemeistre
Und zu Thaten uns begeistre,
In Marseillerhymnen Weise.

Girre nicht mehr wie ein Werther,
Welcher nur für Lotten glüht —
Sollst du deinem Volke sagen,
Rede Dolche, rede Schwerter!...
Aber halte deine Dichtung
Nur so allgemein als möglich."

Was die Schlußverse des Gedichts bedeuten, wird aus der vorherigen Aussage deutlich: Ironisierend wird den Freiheitssängern nahegelegt, im Hohen und Pathetischen undifferenziert — „so allgemein als möglich" — stecken zu bleiben, ohne klare Stellung zu den Sachen der Tagespolitik zu nehmen. Die zitathafte Verwendung der Schlagwörter der Tendenzpoesie: „deutscher Sänger", „deutsche Freiheit", „Tat und Seelenbegeisterung" treiben die Ironisierung der Sache wirksam auf die Spitze, indem dadurch die Rolle des Sprechenden als unseriös und fiktiv entlarvt wird.

Mit dem Kampf gegen die Sache verquickt Heine die Personalsatire in den Zeitgedichten, die sich z. T. sogar namentlich gegen Herwegh richten. *„An Georg Herwegh"* (In: Zeitgedichte von 1864) Der Vorwurf richtet sich hier gegen die Wirklichkeitsfremdheit, die nach

Heines Ansicht die „Tendenzdichter“ beherrscht:

„Herwegh, du eiserne Lerche,
Weil du so himmelhoch dich schwingst,
Hast du die Erde aus dem Gesichte
Verloren — Nur in deinem Gedichte
Lebt jener Lenz, den du besingst.“

Thematisch kehrt Heines Anliegen in einem weiteren Gedicht mit dem Titel „Georg Herwegh“ wieder. Das Gedicht ist in seinem vergleichenden Rollenspiel — Herwegh ist vom Preußenkönig in Audienz empfangen worden, was vom Autor in die Rollenvertauschung Philipp — Posa hineinversetzt wird — so typisch für Heines satirische Position, daß wir es hier zu Wort kommen lassen:

Mein Deutschland trank sich einen Zopf,
Und du, du glaubtest den Toasten!
Du glaubtest jedem Pfeifenkopf
Und seinen schwarz-rot-goldnen Qualen.

Doch als der holde Rausch entwich,
Mein treuer Freund, du warst betroffen —
Das Volk wie katzenjämmerlich
Das eben noch so schön besoffen!

Ein schimmpfender Bedientenschwarm,
Und faule Äpfel statt der Kränze —
An jeder Seite ein Gendarm,
Erreichtest endlich du die Grenze.

Dort bleibst du stehn. Wehmut ergreift
Dich bei dem Anblick jener Pfähle,
Die wie das Zebra sind gestreift,
Und Seufzer dringen aus der Seele:

„Aranjuez, in deinem Sand,
Wie schnell die schönen Tage schwanden,
Wo ich vor König Philipp stand
Und seinen uckermärkschen Granden.

„Er hat mir Beifall zugenickt,
Als ich gespielt den Marquis Posa;
In Versen hab ich ihn entzückt,
Doch ihm gefiel nicht meine Prosa.“

In den ersten beiden Strophen des Gedichts werden die Gedanken des vorherigen wiederholt. Die Verse, die die politische Enttäuschung des Idealisten ausmalen, leiten über zu der Schillerszene im „Don Carlos“, — der Vergleich demonstriert, um der Wirkung willen, eine reichlich grobe Vereinfachung, hier mehr noch als in manchen anderen Angriffen auf die Tendenzdichter heinescher Definition. Man hat Heines ironische Verhöhnung dieser Schriftsteller als mangelndes politisches Engagement, als Indifferenz gegenüber dem Ernst der Stunde verstanden — Benedetto Croce[71] vertritt diese Meinung noch in der Gegenwart. Heine selbst sah das anders; er gibt seine Antwort in dem Gedicht „Wartet nur“, in dem es in der 1. Strophe heißt:

„Weil ich so ganz vorzüglich blitze
Glaubt ihr, daß ich nicht donnern könnt‘?
Ihr irrt euch sehr, denn ich besitze
Gleichfalls für Donnern ein Talent. ...“

Aber der hier angeschlagene forsche Ton überzeugt nicht alle, nicht einmal seine Nachfahren in späterer Zeit. Hier muß trotz einigem Vorbehalt Karl Kraus zitiert werden. Er nennt diese Verse „leere Versprechungen“ und sagt weiter: „Gleichfalls für Donnern ein Talent haben“ — das sieht ja dem Journalismus ähnlich. Aber von Donner kein Ton und vom Blitz nur ein Blitzen. Nur Einfälle, nur das Wetterleuchten von Gedanken, die irgendwo niedergegangen sind oder irgendwann niedergehen werden.“[72] Auffassungen können nicht deshalb unerwähnt bleiben, weil sie in die Konzeption

---

71) Croce, Benedetto: „Poesie u. Nichtpoesie“, Zürich-Wien-Leipzig 1925, S. 273—290

72) Kraus, Karl: Heine und die Folgen. a. a. O. S. 184

des modernen Heinebildes nicht hineinpassen; als Orientierungspunkte sind sie aus der kritischen Beurteilung des Gegenstandes nicht wegzudenken. — Den Abschluß des Zyklus „Zeitgedichte" bildet das Gedicht *„Nachtgedanken"* mit den wohl berühmtesten Versen Heines: „Denk ich an Deutschland in der Nacht,
Bin ich um meinen Schlaf gebracht, ..."

Das Gedicht entstand im Sommer 1843 unmittelbar vor seiner Reise nach Hamburg. Es hat einen stark subjektiven Charakter; die Empfindungen und Emotionen des Ich stehen im Vordergrund. Das beliebte Heinesche Motiv der Tränen „Und meine heißen Tränen fließen" fehlt nicht; es beherrscht viele Gedichte, z. B. findet sich das sentimentale Motiv — auch gekoppelt mit der Beziehung zu Deutschland — in dem Gedicht „Anno 1839", wo es in der 1. Strophe heißt:

„Oh, Deutschland, meine ferne Liebe,
Gedenk ich deiner, wein ich fast!"

Hier wird allerdings der Terminus „ferne Liebe" unmittelbar darauf durch die Einschränkung „fast" ironisiert ins „Unernste" und damit aufgehoben. Ähnliches geschieht in dem Gedicht „Nachtgedanken", etwa durch das aus dem sentimentalen Stimmungsrahmen herausfallende „Die alte Frau hat mich *behext, ...*" ebenso durch die gaghafte Reimspielerei: „Ich denke immer an die alte, / Die alte Frau, die Gott erhalte!" Deshalb besteht keine Gefahr, in Kenntnis von Heines Denkweise, das „Deutschlandbild" mit seinen „Eichen" und „Linden" anders als ein Klischee aufzufassen oder gar ernst zu nehmen. In diese ironische Distanz wird der Leser mit einbezogen: er wird herausgefordert und somit zum Urteil aufgerufen. Damit ist — ganz allgemein — die politische Intention der „Zeitgedichte" umschrieben, die sich vor allem in der gänigen Metaphorik von „deutscher Nacht" und „französischem Tageslicht" kontrastreich manifestiert. Mag dieses Gedicht auch keinesfalls zu den besten lyrischen Gedichten Heines zählen[73], so ist es doch charakteristisch für seine politische Lyrik, deren weiterführende Wirkung z. B. auf Brecht und ähnliche politische Autoren unserer Epoche nicht zu verkennen ist. — Bei dieser Gelegenheit ist es nicht uninteressant, das Beispiel einer neueren Produktion zeitgenössischer Liedermacher zum Vergleich heranzuziehen, um zu zeigen, wie stark die Wirkung Heinescher Formulierungen und Wendungen heute noch ist. Wir fanden in der FAZ vom 6.8.82 einen Titel von Wolf Biermann, der sein Gedicht mit Hilfe Heinescher Formulierungen aufbaut und wiederum in Anknüpfung an Heine inhaltlich und sprachlich „weiterführt"! Wir zitieren dieses Gedicht hier ohne Kommentar.

„Kaminfeuer in Paris"

Mit neuen Freunden saß ich
 die Nacht
am Kaminfeuer in Paris
wir tranken vom Beaujolais
 Nouveau
und sangen „Le temps des cérises".
Sie erzählten von der Commune de Paris
Und viel vom Pariser Mai.
Ich trank mein' Wein und hörte zu
Und dachte an Deutschland dabei.
Ja, ich dachte an Deutschland
 in der Nacht
Und stocherte in der Asche.
Doch wer behauptet, ich hätte
 geweint
Der lügt sich was in die Tasche!

Zu den „Zeitgedichten" im weiteren Sinne gehören auch zahlreiche Gedichte der Spätzeit. Hier finden sich einige, die über allgemein politische Probleme hinaus das sozialkritische Element besonders stark betonen:

---

73) vgl. Storz, Gerhard: H. Heines lyr. Dichtung. a.a.O. S. 166

dazu gehören vor allem „Die schlesischen Weber“ und „Die Wanderratten“. —

In *„Die schlesischen Weber“* nimmt Heine direkten Bezug auf soziale Fragen des Tages. Im Juni 1844 hatten sich die Weber in Peterswaldau und Langenbilau gewaltsam gegen ihre unzumutbaren Arbeitsbedingungen aufgelehnt. Es gab darüber im „Vorwärts“ (Nr. 54) einen Bericht „Die Weber im Riesengebirge“. Ein soziales Engagement hat sich in unmittelbarem Bezug zum Weberaufstand in zahlreichen zeitgenössischen Gedichten niedergeschlagen[74]; nur Heines Version hat die Zeiten überdauert. In balladesker Form wird hier der Aufstand der schlesischen Weber von 1844 veranschaulicht. Der Autor tritt in diesem Gedicht — wie sonst bei Heine meist üblich — nicht als Sprecher auf; er wählt die Balladenform, die das Subjektive ausklammert und Gelegenheit gibt, die Konzentration allein auf den Gegenstand zu richten. Balladesk wirkt die gewählte Form durch den feierlichen Ton und durch die Eindringlichkeit der dreifachen Wiederholung des Fluches:

„Ein Fluch dem Gotte, zu dem wir gebeten“ ...
„Ein Fluch dem König, dem König der Reichen,“ ...
„Ein Fluch dem falschen Vaterlande,“ ...

Das Mittel der Wiederholung wird auch im Refrain am Ende jeder Strophe angewendet:

„Die schlesischen Weber“

Im düstern Auge keine Thräne,
Sie sitzen am Webstuhl und fletschen die Zähne:
„Deutschland, wir weben dein Leichentuch,
Wir weben hinein den dreifachen Fluch —
Wir weben, wir weben!

---

74) vgl. „Blutgericht“ (unbek. Verf.), F. Freiligrath „Aus dem schles. Gebirge“, Ludwig Pfau: „Der schles. Weber“, A. Schults „Ein neues Lied von den Webern“ — zit. i. = H. Heine als polit. Schriftsteller, Klett 1979, S. 118—126

„Ein Fluch dem Gotte, zu dem wir gebeten,
In Winterkälte und Hungersnöten;
Wir haben vergebens gehofft und geharrt,
Er hat uns geäfft und gefoppt und genarrt —
Wir weben, wir weben!

„Ein Fluch dem König, dem König der Reichen,
Den unser Elend nicht konnte erweichen,
Der den letzten Groschen von uns erpreßt,
Und uns wie Hunde erschießen läßt —
Wir weben, wir weben!

Ein Fluch dem falschen Vaterlande
Wo nur gedeihen Schmach und Schande,
Wo jede Blume früh geknickt,
Wo Fäulnis und Moder den Wurm erquickt —
Wir weben, wir weben!

Das Schiffchen fliegt, der Webstuhl kracht,
Wir weben emsig Tag und Nacht —
Altdeutschland, wir weben dein Leichentuch,
Wir weben hinein den dreifachen Fluch,
Wir weben, wir weben!

Das Gedicht gewinnt seine Wirkung aus dem revolutionären Atem, der es durchweht. Es ist in seinen grellen Tönen ganz auf den Ton der sozialen Anklage gestimmt, besonders in Strophe 3. Der ironische Abstand in der Darstellung fehlt hier ganz, nicht aber die volle Wucht der Blasphemie gegen irdische und überirdische Mächte. Typisch für Heine ist die Verwahrung, die gegen jegliche theologisch verheißene Hoffnung, gegen jeden metaphysischen Sinn des Leidens in den Anklagen der Entrechteten ausgesprochen wird. Das Elend der menschlichen Verhältnisse erfährt keine Beschwichtigung. — Obwohl das Gedicht kurz nach den Aufständen der schlesischen Weber entstand, verzichtet der Autor auf breite Darstellung konkreter Begebenheiten; die Schilderung des Milieus wird auf lakonische Hinweise („Winterskälte" — „Hungersnöte(n)") reduziert. Nach zwei epischen Einleitungszeilen, die den Sachverhalt verdeutlichen, ist das Gedicht durchgehend bis zum Schluß als eine Art Chor angelegt, ausgedrückt durch das kollektive „wir“ der Weber. Das wiederholte „wir weben“ greift den immer sinnloser werdenden Rhythmus der Arbeit auf. Da die Weber nicht nur ihre gegenwärtige Verzweiflung zum Ausdruck bringen, sondern mit düsteren Prophezeihungen in die Zukunft weisen („Leichentuch“). ist hier ein klassenkämpferischer Aspekt nicht auszuklammern. Er bleibt bei Heine in diesem ausgesprochenen Sinne eine Seltenheit und ist durchaus nicht als Programm aufzufassen, was das Gedicht *„Die Wanderratten“* besonders deutlich zeigt. Heine geht in diesem höchst merkwürdigen Zeitgedicht von dem volkstümlichen Motiv der Rattenplage aus, wie es zum Beispiel in dem Märchen vom „Rattenfänger von Hameln“ erscheint. Die Ratte gilt in der Überlieferung als ekelerregendes und böses Tier: „Seit der Antike gelten Ratten und Mäuse als Landplage, in der griechischen Mythologie ist ihr Gott Apollo Smintheus, der die Menschen mit den Nagern straft oder sie vor ihnen schützt.“[75] So läßt sich die metaphorische Verwendung des Rattensymbols auf die niederen Volksschichten ableiten. „Die Übertragung der Rattenmotapher auf die proletarischen Bewegungen des 19. Jahrhunderts wurde zudem dadurch befördert, daß die in Europa heimische Hausratte seit dem 19. Jahrhundert durch die größere und gefährlichere Wanderratte verdrängt wurde.“[76] Dieses Phänomen bildet zweifellos den faktischen Hintergrund des vierzehnstrophigen Gedichts, dessen Knüttelverse den bänkelsängerischen Ton hervorrufen. Zwei parallele Reimpaare ma-

---

75) Handwörterbuch des dt. Aberglaubens, Berlin u. Leipzig 1927 Bd. 6, Sp. 34, 38

76) Opitz, Alfred: „Adler u. Ratte“. Schriftstellerisches Selbstverständnis u. polit. Bewußtsein in d. Tiermetaphorik Heines. In: Heine Jahrbuch 81, S. 36

chen die jeweilige Strophe aus. Einleitend spricht der Autor — in Anlehnung an das o. berichtete Phänomen — von „zwei Sorten Ratten“, von denen die „satten“ mit den Hausratten und die „hungrigen“ mit den Wanderratten identifiziert werden. Das Gedicht schildert einen fortlaufenden Vorgang: Die hungrigen Ratten wandern in Scharen über Tal und Hügel und bedrohen die Stätten der Besitzenden:

„O wehe! wir sind verloren,
Sie sind schon in der Nähe.
Sie rücken heran, ich höre schon
Ihr Pfeifen, die Zahl ist Legion.

O wehe! wir sind verloren,
Sie sind schon vor den Thoren!
Der Bürgermeister und Senat,
Sie schütteln die Köpfe, und keiner weiß Rat.

Die Bürgerschaft greift zu den Waffen,
Die Glocken läuten die Pfaffen.
Gefährdet ist das Palladium
Des sittlichen Staats, das Eigentum.“...

Der Autor verhöhnt am Schluß zwar das Bürgertum mit seinen nutzlosen „abgelebten Redekünste(n)“, aber von seiner Zerstörung durch die „radikale Rotte“ der übermächtig gewordenen Ratten ist nicht mehr die Rede. Statt des Katastrophenberichts folgt — echt heinesch — ein grotesk-witziger Spaß aus dem Bereich der „Suppenlogik“:

„Im hungrigen Magen Eingang finden
Nur Suppenlogik mit Knödelgründen,
Nur Argumente von Rinderbraten,
Begleitet von Göttinger Wurstcitaten“...

Die trivale Schlußwendung nimmt der Argumentation zwar nicht ihre Schärfe, immerhin aber jeden Anhauch unheimlich tragischer Wirkung. Heine macht sich den Spaß, die Polemik am Schluß zu trivialisieren. Dennoch ist die sozial-politische Symbolik durchsichtig genug: Heine verwertet in diesem Gedicht — wie ähnlich in dem Nachlesegedicht „Aus der Zopfzeit" — die Rattenmetapher zur Charakterisierung des Proletariats, wie er es prophetisch am Horizont der Zukunft auftauchen sieht. Wir lesen darüber in „Lutetia" (1842), wo von Angst der Bourgeoisie vor seiner Majestät, dem souveränen „Rattenkönig", dem „tausendköpfigen Ungetüm" bereits theoretisch die Rede ist:

„Die Bourgeosie selbst ist ebenfalls vom Dämon des Zerstörens besessen, und wenn sie auch die Republik nicht eben fürchtet, so hat sie doch eine instinktive Angst vor dem Kommunismus, vor jenen düstern Gesellen, die wie Ratten aus den Trümmern des jetzigen Regiments hervorstürzen würden."[77]

Wie wir hier schon sehen, verwendet Heine die negative Rattenmetapher für die Opfer der Macht, die Entrechteten, genauso wie in dem Gedicht „Die Wanderratten", wo sie mit den ekelerregendsten Attributen in Erscheinung treten:

„Es haben diese Käuze
Gar fürchterliche Schnäuze;
Sie tragen die Köpfe geschoren egal,
Ganz radikal, ganz rattenkahl." ...

Das bringt Germanisten radikal marxistischer Ideologie, wie z. B. Lukács und Hans Mayer, nicht schlecht in Verlegenheit, weshalb sie mit einseitiger Interpretation jonglieren, um die Akzente der Anklage lediglich auf die Machthabenden zu verlagern.[78] Es ist sicher nicht abzuleugnen, daß bei Heine auch die Gegenseite nicht ungeschoren wegkommt (s. „nicht Glockengeläute", „nicht Pfaffengebete"!). Dennoch bleibt bestehen,

---

77) Heine, Lutetia (IX, S. 414) Taschenbuchausg. S. Sämtl. Schiffen, Hrsg. v. Briegleb

78) vgl. Georg Lukács: H. Heine als nationaler Dichter u. Hans Mayer: Einleitung zu „Beiträge zur deutschen Ideologie

daß die Entrechteten unter den Termini „radikale Rotte“ und „sinnliche(n) Rattenhaufen“ erscheinen. Wenn Heines Verhältnis zum Kommunismus auch keineswegs eindeutig ist, so hat er zeitlebens kein Hehl daraus gemacht, daß ihn die Zukunftsvision der drohend herannahenden Vermassung mit Ekel und Schrecken erfüllt hat. So unerbittlich scharf auch sein Kampf gegen Tyrannei und Absolutismus war, so sehr er vieles begünstigt und gefördert hat, was zur Befreiung des Proletariats beitrug, so gehörte es eben zu seiner Inkonsequenz, die unvermeidliche Veränderung im tiefsten Inneren zu fürchten: „Ach! ich sehe dies alles voraus, und mich beschleicht unsägliche Trauer, wenn ich an den Untergang denke, mit dem das siegreiche Proletariat meine Verse bedroht, die ins Grab sinken werden mit der ganzen romantischen Welt.“ —

C. Stil und Struktur der Lyrik Heines

Heine hat sich nicht allzu oft über Verfahrensweise und Motivik seines lyrischen Schaffens geäußert. Zuweilen berief er sich auf die Formkunst August Wilhelm Schlegels, der ihn in die Geheimnisse der Metrik eingeführt habe. Bei ihm findet sich ein seltenes Talent für Anpassung; kaum einer hat sich so ausgiebig wie er in allen möglichen poetischen Formen versucht. Dabei kam ihm seine universale Literaturkenntnis zu Hilfe. Es gab kaum eine gängige Gestaltungsform, die er nicht meisterte, oder eine Stilrichtung, die er nicht geläufig nachzuahmen verstand. Dies ausgesuchte Formgefühl verlieh seinen lyrischen Produktionen jene durchsichtige Eleganz und kühle Berechenbarkeit, die einen bedeutenden Teil ihrer Wirkung ausmachen. Bei dem Lyriker Heine ist — im Gegensatz zu den Romantikern — die begriffl iche Zwischenschicht in der Lyrik nicht ausgefallen; der zielsichere Aufbau seiner Gedichte verläuft durchaus denklogisch. Auch das ist ein deutlicher Beweis, daß dieser Autor mit der Dichtung der Romantik im eigentlichen Sinne nichts gemein hatte, auch wenn er sich ihren letzten „Fabelkönig“ nannte. Richtig ist, daß niemand das Vokabular der Romantik so ausgiebig verwendet hat wie er: durch seine Verse gehen alle Rosen, Veilchen und Nachtigallen, alle Stimmungsnuancen von Mond und Traum stehen ihm zu Gebote. Dennoch weiß er nichts von jener unberechenbaren und rätselhaften Versunkenheit, die in den Versen Eichendorffs und Bretanos unbewußt waltet. Seine hochgestimmte Empfindsamkeit, die ganze Bürgergenerationen für die Quintessenz romantischen Gefühls hielten, geht immer von einer klaren Bewußtheit aus: Er betrachtet aus der Distanz alles, was liebt und leidet: zum Zweck eines Gedichts!

„Mein Herz ist klug und witzig,
Und verblutet in meiner Brust.“

Der in diesen Versen ausgedrückte Gegensatz ist typisch für Heines Stil; in vielen seiner Gedichte treten solche Antagonismen auf. Schmerz und Hohn, Verzweiflung und Komik, Rührung und Spott werden in unerwarteter Wendung grell gegeneinander gesetzt, nicht zuletzt um der Wirkung willen, auf die es in dieser Lyrik ankommt. Wie es Heine gelingt, das Zerbrechen der Stimmung mitten im Gedicht zum Ausdruck eines besonderen ästhetischen Reizes hochzustabilisieren, zeigt folgendes Beispiel:

„Das Fräulein stand am Meere
Und seufzte lang und bang,
Es rührte sie so sehre
Der Sonnenuntergang.

„Mein Fräulein! sein Sie munter,
Das ist ein altes Stück;
Hier vorne geht sie unter
Und kehrt von hinten zurück." (Neue Gedichte, Nr. 10)

Das zweistrophige Gedicht verwendet den Kreuzreim; es wirkt lakonisch in seiner einfachen Reihung der Aussagen. — Die 1. Strophe gibt in wenigen Andeutungen eine Situationsschilderung: ein weibliches Wesen betrachtet voller Rührung den Sonnenuntergang am Meer. Die Schilderung ist nur scheinbar objektiv; dem genauer Hinhörenden erweist sie sich als leicht ridikülisiert durch das Moment des Archaisierens (sehre). So vorbereitet, könnte ihn eigentlich die zynische Wendung ins Banale nicht ganz überrascht finden; dennoch geschieht es angesichts der blitzschnellen Umkehrung aus der Stimmungsintensität der ersten Strophe ins trivial Mechanisierte der ironischen Erklärung, wie sie das lyrische Ich hier zum besten gibt. Dadurch entsteht der gewollte Eindruck des Artifiziellen, dem die geläufige Versifikation entspricht. Dieses Gedicht ist in vieler Hinsicht typisch für die Struktur Heinescher Lyrik: wir finden die Form der Anrede; wir finden vor allem den Sprung aus der Stimmungsübersteigerung ins Triviale, ein Vorgang, der schockiert und schockieren soll. Darin besteht der Witz zahlreicher Schlußwendungen in Heines Gedichten. Solche Kontraststrukturen bestimmen recht eigentlich den Heineschen Stil und fixieren seine literarische Position. Diese befindet sich in ebenso großer Distanz zur Lyrik Goethes wie zur Dichtung der Romantik, was in diesem Fall gleichzeitig seine Ferne zu Volkslied und Volksdichtung bedeutet, so sehr er auch in Motivik und Vokabular diesen literarischen Erscheinungen verpflichtet war. „Da es die poetische Sprache für Heine immer nur als konventionelle gibt oder, genauer, da sie als konventionell erscheint, wenn sie den einen Pol in solchen Gegensätzen bildet, setzt Heine sich mit seiner Problematisierung des Ästhetischen von der literarischen Tradition ab.“[79]

Obwohl noch immer berührt und bewegt von dem versiegenden Strom der Jahrhundertwende, weiß dieser Dichter doch, daß der Strom verebbt ist. Im Vorwort zum 2. Teil der „Reisebilder“ spricht er von dem „scharfen Schmerzjubel jener modernen Lieder“, die keine „katholische Harmonie der Gefühle“ erlügen wollen und vielmehr, jakobinisch unerbittlich, die Gefühle zerschneiden der Wahrheit wegen. Es ist interessant zu bebachten, wie die eine von den beiden Liederarten je zuweilen von der anderen die äußere Form erborgt. Noch interessanter ist es, wenn in ein und demselben Dichterherzen sich beide Arten verschmelzen.“

Eine so definierte Lyrik kann kaum zu überzeitlicher Gestaltung gelangen, wohl aber kann sie, indem sie hohl gewordene Formen liquidiert, zum Wegweiser zukünftiger Entwicklungen werden. Das gilt für den Fall Heine, der nicht nur für die zeitkritische Lyrik Brechts von Bedeutung gewesen ist, sondern sich auch in den aufreizenden Formulierungen moderner „Liederma-

79) Brummack, Jürgen: Lyrik nach der Romantik. in: H. Heine. Epoche-Werk-Wirkung. a. a. O. S. 107/8

cher“ gelegentlich wiederfinden läßt.

Ein Blick auf die Struktur der Lyrik Heines zeigt bei vielen Produktionen das Muster eines „Rollengedichts“: Einleitender epischer Teil, häufig folgender Dialog, häufiger noch Anrede oder Frage, die offen bleibt. In Gedichten dieser Art, die in der Überzahl sind, nimmt das epische Element einen geringeren Teil ein, vorherrschend ist das gesellige Prinzip, auf den Leser zu wirken, ihn miteinzubeziehen. Diese Lyrik wendet sich stellenweise deutlich an das Gegenüber als Partner: sie manifestiert sich in vielen Beispielen als ein Stil des Sprechens; in diesem „geselligen Verhalten“ hat Storz eine Verbindung zur Lyrik des 18. Jahrhunderts (Hagedorn) gesehen.[80] Dieser Wirkungswille bestimmte den bewußten Einsatz der Mittel: Zuspitzung, Übersteigerung, Häufung, grelle Kontrastierung, desillusionierende Schlußwendung; Das veranlaßte Eichendorff zu der Aussage, Heine ende fast jedes seiner schönen Gedichte mit einem Selbstmorde. Eine solche Desillusion am Ende jeder Aussage ist gewiß effektsüchtig, sie spiegelt aber zugleich die vom Dichter selbst tief gefühlte und erlittene Spaltung zwischen Ich und Ding, jene Unfähigkeit, in den Erscheinungen einen Sinn und einen Zusammenhang zu sehen. So weist er deutlich auf Entwicklungen hin, die sich in der Lyrik des 20. Jahrhunderts finden und deren inhaltliche wie formale Abhängigkeit von Heines Dichtung (s. z. B. Brecht!) nicht zu übersehen ist. —

80) vgl. Storz, Gerhard: H. Heines lyrische Dichtung. a.a.O.

Methodisch-didaktische Hinweise

Vorbemerkung

In einer Zeit, in der — wie heute — Zusammenhänge zwischen Literatur und Gesellschaft stark in den Vordergrund getreten sind, wird Heinrich Heine mehr und mehr Gegenstand des Interesses werden. Das betrifft ebensosehr die wissenschaftliche Forschung über Werk und Persönlichkeit des Autors wie auch die Hinführung des Lesers zu seiner Dichtung, wie sie sich besonders im Rahmen der Schule als Aufgabe stellt. Letzteres war noch in den Jahren nach 1945 kein besonders weites Feld, was Lesebücher und Lektürepläne in dieser Zeit ausweisen. Zwar gehörten „Belsazar" und eventuell „Die Grenadiere" zu den Standard-Titeln der Balladendichtung, mit denen man sich in der Schule beschäftigte; auch war in den Gedichtanthologien für den Schulgebrauch das „Buch der Lieder" mit den bekanntesten Gedichten vertreten. Bei einer solchen einseitigen Kenntnisnahme kam natürlich Gesamtwerk und Gesamtposition dieses Autors zu kurz; als zeitkritischer Schriftsteller und scharfsinniger Diagnostiker einer epochalen Wende geriet er kaum ins Blickfeld. Neben den bekannteren lyrischen Stücken fehlten die kürzeren und umfangreicheren „Zeitgedichte", ebenso die kritische Prosa, von einer gelegentlichen Berücksichtigung von Textauszügen aus der „Harzrelse" abgesehen. —

Das änderte sich entscheidend in den 60er Jahren, in denen man geradezu von einer „Heine-Renaissance" sprechen konnte. Auf dem Gebiet der Forschung stieg die Zahl der Publikationen beträchtlich; man begann sich nun vordringlich für seine politische und zeitkritische Lyrik und Prosa zu interessieren, was natürlich gelegentlich auch modisch bedingt war. In diese Jahre fällt auch die Gründung der Heinegesellschaft, die durch Publikationen, Tagungen und Ausstellungen bemüht war, die Beschäftigung mit diesem seit eh und je umstrittenen Autor anzuregen und zu befördern. Auch im Bereich der Didaktik ist von dieser Gesellschaft manche Initiative ausgegangen. Im Jahre 1977 wurde auf Einladung der Heine-Gesellschaft eine Tagung durchgeführt, bei der alle Wissenschaftler zusammenkamen, die über Heine didaktisch gearbeitet haben. Weiterhin wurde 1980 eine Tagung initiiert, die ein didaktisch instruktives Programm für die Schule dokumentiert hat. So konnte man zu der Schlußfolgerung kommen, daß Heine der inzwischen am besten didaktisch aufgeschlüsselte Autor des 19. Jahrhunderts geworden ist. —

Was nun die Beschäftigung mit Heine in der Schule betrifft, so muß man sich davor hüten, diesen Autor auf den theoretisch-politischen Gehalt seiner Werke zu reduzieren und dabei den Lyriker und seine besondere Aussageweise weniger oder kaum zu beachten. Unter dem Aspekt der Einheit von Kunstinteresse und politisch-sozialem Engagement muß seine Position gesehen und an ausgewählten Texten verdeutlicht werden: es muß ebenso sein Verhältnis zur Klassik und Romantik wie auch seine kritische Negation zu den politischen Systemen der Zeit berücksichtigt werden. Das ist im wesentlichen insgesamt ein Themenkreis für die Sekundarstufe II, da eine besondere Schwierigkeit für den schulischen Umgang mit Heine in dem vielfältigen Anspielungsgeflecht seiner Texte liegt. —

Unterrichtsreihe

Thema: Heinrich Heine. Dichter zwischen Ästhetik und Engagement

Zur allgemeinen Einführung:

„Schwierigkeiten mit Heine“
Diskussionen um einen umstrittenen Autor (Hinweise auf den Meinungsstreit bezüglich der Namensgebung der Universität Düsseldorf / Materialien: Zeitungsarti-

kel zu der aktuellen Situation)

A. 1. Zeitlicher Hintergrund: Staat und Gesellschaft im Revolutions- u. Reformzeitalter (Lehrervortrag)

2. Lebensbild und Wirkungsgeschichte (s. Zeittafel und Notizen zur Wirkungsgeschichte im vorliegenden Band) (Lehrervortrag oder Schüler-Referat)

B. Erarbeitung der Texte im Unterricht

1. Teil der Unterrichtsreihe: Der frühe Heine

(Es empfiehlt sich, der Besprechung des 1. Teils das „Buch der Lieder" als obligatorische Anschaffung zugrunde zu legen.)

Aufgabenvorschläge

1. In welcher Gruppierung sind die Texte im „Buch der Lieder" angeordnet? (Vergleich mit zeitgenössischen Dichtungen zyklischer Form, die Heine beeinflußt haben, z. B. Goethe „Westöstl. Divan" u.a.)
2. Kennzeichnen Sie an exemplarischen Titeln Motivik und Struktur der frühen Lyrik Heines. (Einzelanalysen, ev. als häusl. Aufgabe)
3. Was ist unter dem Begriff „Romantische Ironie" zu verstehen?
4. Weisen Sie die für Heine typische Form „ironischer Gebrochenheit" in seiner Lyrik nach (z.B. am Gedicht: „Das Fräulein stand am Meere", s. Interpretation im vorl. Band!)
5. Kennzeichnen Sie Heines lyrische Position im Zusammenhang mit Klassik und Romantik. (Vergleichende Texterörterungen: Goethe-Eichendorff-Brentano)
6. Heine nannte sich einen „Liquidator der Romantik" und zugleich ihren letzten „Fabelkönig". Nehmen Sie an Hand der Textvergleiche Stellung zu diesen Aussagen.

7. Man hat Heine „dem Volkslied nahestehend" bezeichnet. Was halten Sie von dieser Behauptung?
8. Wie erklären Sie sich Heines auffallende Popularität im Ausland?

II. Teil der Unterrichtsreihe:
Das politisch-sozialkritische Element in Heines späterer Lyrik
Gliederung nach Themenkreisen
 a) Deutschlandkritik
 b) Ablehnung der „Tendenzliteratur"
 c) Heines eigenes Konzept im Hinblick auf „politische Lyrik"
 d) Sozialkritische Thematik im Zeitgedicht „Die schlesischen Weber"
 e) Heines Verhältnis zu Prolitariat und Kommunismus in dem Gedicht „Die Wanderratten"?

Aufgabenvorschläge

1. Zeigen Sie auf, welche Angriffe gegen das politische System des damaligen Deutschland der Emigrant Heine in seinen „Zeitgedichten" ausgesprochen hat. Untersuchen Sie diesbezüglich eine Auswahl der sog. „Deutschlandgedichte" (z.B. „Nachtgedanken", „Anno 1839" u.a.)
2. Erörtern Sie — an Hand der Gedichte „Der Kaiser von China" und „Der Wechselbalg" — Heines besondere Form der Personalsatire.
3. Was versteht Heine unter „Tendenzliteratur"? Stellen Sie im Anschluß an eine Textanalyse der Gedichte „Tendenz" und „An Georg Herwegh" die Hauptvorwürfe zusammen, die Heine gegen diese zeitgenössischen Tendenzdichter erhebt.
4. Definieren Sie Heines eigene Konzeption politischer Lyrik. (Vorrang des Ästhetischen — Einheit von aktuellem Bezug und formaler Eigenständigkeit)

5. Inwiefern fällt das sozialkritische Gedicht „Die schlesischen Weber“ aus dem Rahmen der übrigen „Zeitgedichte“ Heines? (Fehlen von Ironie und Groteske)
6. Vergleichen Sie Heines Version mit anderen zeitgenössischen Gedichten zu diesem Thema. („Blutgericht“ — Freiliggrath, „Ein neues Lied von den Webern“ u. a.)
7. Didaktisch-methodische Analyse des Gedichts „Die Wanderratten“
   Häusliche Vorbereitung: Lesung des umfangreichen Gedichts (Dazu: Biographische Hinweise auf Entstehungszeit etwa 5 Jahre vor Erscheinen des „Kommunistischen Manifests“ 1848)

Behandlung im Unterricht

Zur Einstimmung: Das „Rattenmotiv“ in mittelalterlichen Sagen u. Märchen
Gliederung des Stoffes:

a) Strophe 1	Einleitung: Unterscheidung zwischen Haus- und Wanderratten
b) Strophe 2 u. 3:	Unaufhaltsamkeit des Anmarsches der Wanderratten auf die Bastionen des Bürgertums
c) Strophe 4—7:	Beschreibung der Wanderratten als ekelerregende Unholde
d) Strophe 8—10:	Unmittelbare Gefahr der Ratteninvasion — Ohnmächtige Abwehrversuche der Bürger
e) Strophe 11—12:	Darstellung der Unzulänglichkeit aller Gegenmaßnahmen im Kampf gegen die Ratten („Glockengeläute“ — „Pfaffengebete“ - „hochwohlweise Dekrete“)

f) Strophe 13—14: Groteske Hinweie auf die „Suppenlogik“ als mögliches Mittel. (Hier ergibt sich ein Vergleich mit Brecht, in dessen Satz aus der „Dreigroschenoper“: „Erst kommt das Fressen, dann kommt die Moral“ Heines Wendung in direkterer Form aufgegriffen wird. —

Leitfragen zur Erschließung des Gedichts

1. Welche Einstellung Heines zur proletarischen Revolution läßt sich aus dem Gedicht entnehmen? (Textausschnitte aus „Lutetia“, s. im vorliegenden Band!)
2. Welche Bedeutung hat die Tiermetapher der „Wanderratten“ im Gedicht?
3. Was drückt das Wortspiel „radikal“ — „rattenkahl“ aus?
4. Wie sieht das Bild des Proletariers aus, das Heine in diesem Gedicht entwirft?
5. Charakterisieren Sie das Gegenbild des Bürgertums an Hand von Textstellen.
6. Welche Einstellung Heines zum Kommunismus verrät das Gedicht?
7. Inwiefern ist folgende Textstelle aus „Lutetia“, 12. Juli 1842 eine Parallele zur Aussage der „Wanderratten“?
   „Es wird vielleicht alsdann nur einen Hirten und eine Herde geben, ein freier Hirt mit einem eisernen Hirtenstabe und eine gleichgeschorene, gleichblökende Menschenherde! Wilde, düstere Zeiten dröhnen heran, und der Prophet, der eine neue Apokalypse schreiben wollte, müßte ganz neue Bestien erfinden, und zwar so schreckliche, daß die älteren Johanneischen Tiersymbole dagegen nur sanfte Täubchen und Amouretten wären.“ —

Literaturverzeichnis

1. Werke

Sämtliche Werke. Hrsg. v. Ernst Elster, Leipzig 1887—1890

Sämtliche Werke. Hrsg. v. Oskar Wetzel u.a. 1910-1920

Sämtliche Werke. Hrsg. v. Werner Vordtriede u. Uve Schweikert. 1969—72

Sämtliche Schriften. Hrsg. v. Klaus Briegleb. München 1968—76

Werke in 2 Bänden. Studienausgabe. Hrsg. v. Stuart Atkins. Verl. C. H. Beck München 1973

Heine Kommentar zu den Dichtungen. Bd. 1 Winkler Verl. München 1970

2. Sekundärliteratur

Adorno, Theodor: Die Wunde Heine. Frankfurt/M. 1958

Berendsohn, Walter: Heines „Buch der Lieder". Struktur- u. Stilstudie. In: Heine Jahrbuch 1962

Brokerhof, Karl-Heinz: Über die Ironie bei H. Heine. In: Schriften der Heine-Gesellschaft Düsseldorf 1964

Brummack, Jürgen: (Hrsg.) Heinrich Heine. Epoche-werk-Wirkung. Beck'sche Elementarbücher. München 1980

David, Claude: Geschichte der deutschen Literatur zwischen Romantik u. Symbolismus 1820—85. Sigbert Mohn Verlag 1966

Ermatinger, Emil: Die deutsche Lyrik 1 u. 2. Leipz. 1921

Fairley, B.: Heinrich Heine. Stuttgart 1965

Fingerhut, Karl-Heinz: Standortbestimmungen. Vier Untersuchungen zu Heinrich Heine. Heidenheim (Brenz) 1971

Fink, F.: H. Heine als Lyriker des Übergangs. In: Heine Jahrbuch 1963

Hermand, Jost: Der frühe Heine. München 1976
Hofrichter, Laura: Heinrich Heine. Biographie seiner Dichtung. Göttingen 1966
Iqpal, Muhammed: Botschaft des Ostens. Horst Erdmann-Verlag 1977
Kraus, Karl: „Heine und die Folgen“ In: Magie der Sprache. Suhrkamp S. 169—192
Killy, Walter: Wandlungen des lyrischen Bildes. Göttingen 1978
Kommerell, Max: Das Volkslied und das deutsche Lied, In: Freies Dt. Hochstift. Verlag Niemeyer Halle 1932/33
Lüdi, Rolf: Heinrich Heines „Buch der Lieder“ Frankfurt/M. 1979
Marcuse, Ludwig: Heinrich Heine. Diogenes Tb 1977
Preisendanz, Wolfgang: Heinrich Heine München 1973
Sternberger, Dolf: Heinrich Heine und die Abschaffung der Sünde. Hamburg-Düsseldorf 1972
Storz, Gerhard: Heinrich Heines lyrische Dichtung. Stuttgart 1971
Teichgräber, S.: Bild u. Komposition in Heinrich Heines „Buch der Lieder“ Diss. Freiburg i. B. 1963
Wasem, Gertrud: Das kontrollierte Herz. Die Darstellung der Liebe in H. Heines „Buch der Lieder“